CRIATIVANDO

CRIATIVANDO! Negócios Criativos Faturam Mais!

CRIATIVANDO
NEGÓCIOS CRIATIVOS FATURAM MAIS

Dados Internacionais de Catalogação na Publicação (CIP)
(Câmara Brasileira do Livro, SP, Brasil)

> Dias, Ivaldo Leandro
> Criativando : negócios criativos faturam mais / Ivaldo Leandro Dias. -- Campinas, SP : Ed. do Autor, 2020.
>
> ISBN 978-65-00-08884-7
>
> 1. Criatividade nos negócios 2. Dias, Ivaldo Leandro 3. Empreendedorismo 4. Histórias de vida 5. Vendas I. Título.
>
> 20-44145   CDD-658.4063

Índices para catálogo sistemático:

1. Empreendedores : Criatividade : Administração de empresas   658.4063

Cibele Maria Dias - Bibliotecária - CRB-8/9427

Todos os direitos reservados. **Nenhuma parte desta publicação pode ser reproduzida**, *armazenada ou transmitida total ou parcialmente, por* **nenhuma** *forma e* **nenhum** *meio, seja mecânico, electrónico, ou qualquer outro, sem autorização prévia escrita dos autores e editor.*

Arte da Capa: Diego Mattos
Diagramação: Ivaldo Leandro Dias
Ilustrações: Carlos Froes
Ilustrações de página: Diego Mattos e Carlos Froes

CRIATIVANDO! Negócios Criativos Faturam Mais!

LEANDRO DIAS

CRIATIVANDO
NEGÓCIOS CRIATIVOS FATURAM MAIS

CRIATIVANDO! Negócios Criativos Faturam Mais!

Agradecimentos

Agradeço em primeiro lugar ao Criador Senhor Jesus Cristo, Filho de Deus, Rei dos Reis, Senhor dos Senhores, por me proporcionar a oportunidade de escrever esta obra.

Agradeço à Deus pela vida deste homem e pelo privilégio de conhece-lo: **Wandelson Freitas** CEO da Amazon Etiquetas, com seu enorme coração e a vontade plena de ajudar tudo e todos que passam por sua vida sem medir esforços. Honrarei você sempre meu grande Amigo.

Para o Sr. **Francisco Nascimento**, CEO da Dubom Temperos, o qual me lembro que foi meu primeiro cliente pós uma grande derrota, nem tenho palavras para descrever meu enorme respeito pela sua pessoa e pela amizade que formamos, que Deus possa abençoar cada vez mais sua vida e que possamos fazer muito mais coisas juntos.

E em memória aos meus pais que já partiram pra Deus, Ialdo Ribeiro Dias e Terezinha Leandro Dias por cuidarem de mim, seus nomes serão lembrados, obrigado por terem me ensinado princípios.

Agradeço às minhas muitas mães adotivas que cuidaram de mim. Entre elas Dona Rita e Celina. Obrigado.

Deus abençoe suas Vidas, meu muito obrigado!

CRIATIVANDO! Negócios Criativos Faturam Mais!

Dedicatória

Dedico esta obra à toda minha família, irmãs, sobrinhas, sobrinhos, tios, tias, para que lembrem que não há limites, que onde você está não quer dizer que tenha que permanecer ali, o importante é evoluir, e o menino magrelo do interior do Pará, comedor de buchada, ainda vai muito longe!

Para minha amada esposa Hannah Entringer, por ser pacientemente minha companheira e embarcar nas minhas mais loucas aventuras de desbravar o mundo.

Para minhas amadas filhas, Natália Dias e Laura Dias , que mudaram meu destino, que são minha maior missão nessa terra, que fazem meu coração palpitar, é tanto amor que não conseguiria descrever. Que elas possam encontrar seus caminhos e que nunca permitam que alguém às impeçam de fazer algo. Nada é impossível. Para minha amada filha Lyvia Ribeiro, com a qual falhei gravemente, mas que um dia ela possa me perdoar, e que ela saiba que eu a amo também.

CRIATIVANDO! Negócios Criativos Faturam Mais!

Apresentação

Esta obra eu faço para tentar de alguma forma ajudar pequenos empreendedores no Brasil, são milhões de pessoas empreendendo e na maioria das vezes ficam sem saber o que fazer, quais etapas tomar, para onde evoluir, como crescer, o que funciona e o que não funciona. Partindo deste princípio, resolvi fazer esta obra, para tentar ao menos ajudar um pouco nessa árdua caminhada de empresários neste tão belo País, como eu mesmo já iniciei e tive péssimos resultados em vários tipos de negócios, resolvi compartilhar a experiência adquirida ao longo de 20 anos trabalhando com embalagens e design, essa carreira me proporcionou contato com inúmeros tipos de empresas, e vi muitas crescerem, muitas caírem, muitas estagnarem, e comecei a estudar alguns padrões, para transpor nessa obra, se o que escrevo conseguir ajudar ao menos uma pessoa, então todo esforço valeu a pena.

CRIATIVANDO! Negócios Criativos Faturam Mais!

Sumário

VIDA DE CRIANÇA SUBURBANA	10
A TRAGÉDIA BATEU EM NOSSA PORTA	14
RECOMEÇANDO APÓS A TRAGÉDIA	16
TENTATIVA E ERRO	22
MEU PRIMEIRO CONTATO NO MUNDO CRIATIVO	24
SINDICATO RURAL	24
PRODUZIDO NA ZONA FRANCA DE MANAUS	26
ATENÇÃO AOS DETALHES	26
QUERO SER UM GRANDE VENDEDOR	27
CRIANDO NEGÓCIOS LUCRATIVOS	29
A CRIATIVIDADE	30
BRASILEIRO EMPREENDEDOR POR NATUREZA	35
MELHORAR A VIDA DE PESSOAS FAZ A SUA MELHORAR	37
QUAL O SEU NEGÓCIO	38
A DURA VIDA DE EMPREENDEDOR NO BRASIL	40
GIGANTE POR NATUREZA – GIGANTES OPORTUNIDADES	32
DIVERSISDADE DE NEGÓCIOS E EMPRESAS	43
INICIANDO UM PEQUENO NEGÓCIO	45
COMO E O QUE COMEÇAR	47
FAÇA SIMPLES / FAÇA BONITO	49
QUAL TIPO DE NEGÓCIO VOCÊ MAIS SE IDENTIFICA?	50
TEMPESTADE DE IDÉIAS	52
100 IDÉIAS RÁPIDAS PARA PENSAR	53
O QUE PRECISO PARA INICIAR MEU NEGÓCIO	75
DEFININDO TIPO DE NEGÓCIO	77
ALGUMAS ATIVIDADES MAIS COMUNS	78
NOVAS TECNOLOGIAS – NOVOS NEGÓCIOS	78
MERCADO ALVO	79
OBSERVE	79
DEFINA SEU PONTO DE VISTA	80
IDEALIZE	80
TENTE FAZER UM MODELO TESTE	80

CRIATIVANDO! Negócios Criativos Faturam Mais!

DIFERENCIAL COMPETITIVO 81
ENTENDENDO O MERCADO 82
O MERCADO DIGITAL 83
VAMOS FALAR DE BUROCRACIA .... 87 À 92
IDENTIDADE VISUAL / CRIANDO SUA MARCA .... 92 À 98
HORA DE COMEÇAR 98
CULTURA DE EMPRESA 100
CÓDIGO DE BARRAS 102
BRANDING – GESTÃO DE MARCA / PRODUTO / 107
EMBALAGENS .... 110 Á 137
CASES DE SUCESSO 139
GESTÃO DE SERVIÇOS 141
COMO CRESCER NO SETOR DE SERVIÇOS 142
MARKETING PARA DOBRAR AS SUAS VENDAS 143
CANAIS DE VENDA 144
NICHOS DE MERCADO.. 146
DIFERENCIAÇÃO DE NEGÓCIO 147
ECOMMERCE 148
OQUE É UM ECOMMERCE.. 149
MARKETPLACES 150
PROPAGANDA CRIATIVA E PROMOÇÕES 151
GATILHOS MENTAIS 152
CONCLUSÃO FINAL 154
BIBLIOGRAFIA 155

CRIATIVANDO! Negócios Criativos Faturam Mais!

VIDA DE CRIANÇA SUBURBANA

Este é de certa forma um livro dito criativo num mundo completamente em revolução, então não espere nenhum padrão, estamos aqui para romper justamente com os padrões tradicionais. Abra a sua mente e mude a forma de ver a vida, atropelo aqui termos técnicos e padrões considerados corretos, aplico aqui coisas que realmente funcionam e são testadas diariamente por empreendedores de todo Brasil. E se você quer se libertar de um emprego formal, esse é o caminho para criar o seu próprio destino.

Como se formou esse menino que leva consigo a alegria no rosto, um sorriso constante e um coração cheio de amor pelo próximo: abaixo minha pequena história de vida, para você notar que qualquer um pode fazer o que quiser, tudo que você desejar profundamente você pode realizar.

Não muito distante, há alguns anos atrás muitas coisas nem existiam, tal qual foi a Revolução Industrial para os século passado, está sendo a internet para este século que estamos vivendo, remoendo-se em alterações constantes tudo hoje praticamente opera em modo digital, dificilmente você verá algo analógico daqui para frente, mas será que os negócios e empresas estão na mesma empreitada? Muitos dos nascidos neste século jamais saberão como é "se conectar na rede" pois isso é uma realidade atualmente, estamos praticamente na era dos hiper conectados, as crianças estão cada vez mais ligadas às tecnologias, fazem coisas que praticamente muitos adultos mais velhos ainda nem sequer aprenderam.

Vamos nos apresentar, meu nome é Ivaldo Leandro Dias, mais conhecido como Leandro Dias, devido minha empresa ser i.Leandro Dias Ltda, durante muitos anos na vida a criatividade e as vendas tem batido à minha porta, e eu como muitos reneguei isso por anos, vender não é minha praia, essa era minha fala, não gosto de gente,

CRIATIVANDO! Negócios Criativos Faturam Mais!

essa era minha outra fala, mas na verdade eu descobri que amo vendas e que amo pessoas trabalhadoras, lutadoras e dedicadas, tenho comigo a fidelidade ao trabalho como um princípio, amo acordar cedo e ver o sol nascer, não porque está escrito em Provérbios de Salomão, mas por que vivi a vida assim, lembro-me de meu velho pai que já se foi, que as cinco horas da manhã ligava seu radio de pilhas a todo volume, inclusive aos sábados, domingos e feriados, então adotei isso como um princípio a carregar comigo: acorde cedo, trabalhe duro, opa, peraí, trabalhe inteligentemente e de forma criativa para atender o maior número de pessoas com excelentes serviços e assim a prosperidade baterá em suas portas, nessa minha jornada comecei bem cedo, das primeiras coisas que me lembro, é que andei em um fusca a toda velocidade, quase uns 50km por hora, mas para um garoto que nunca havia andado em carro algum, eu me lembro até hoje desta cena, não sei quantos anos eu tinha, mas foi emocionante.

Lembro que morávamos em um velho barraco de madeira, casa simples no interior do Estado do Pará, a vida era simples, e não tínhamos muito o que exigir, minha amada mãe, fazia de tudo para sustentar uma família de 6 crianças que sozinha praticamente teve que criar, ela se divorciou do meu pai quando eu era muito pequeno e recordo de poucas coisas. Lembro-me de fazer carvão em *caieiras* embaixo da terra junto com minha mãe para tirar o sustento da casa, os quais passavam dias queimando a madeira por baixo da terra para se tornar carvão, não lembro bem o processo, mas me lembro de ficar da mesma cor de carvão, e nesse mesmo tempo lembro que minha amada mãe que lembro com saudades fazia de tudo que aparecia, entre lavar e passar roupa para fora à trabalhar na casa de outras pessoas, lembro que as roupas passava em ferro a carvão, talvez você nunca tenha visto um desses e como gosto de ativar o lado criativo vou postar uma figura aqui para visualizar e acompanhar minha narrativa:

CRIATIVANDO! Negócios Criativos Faturam Mais!

Nessa fase, eu ainda não tinha noção das coisas, ainda não sabia que tristemente eu vivia uma realidade de muitos, pais pouco escolarizados, condições sub-humanas, zero saneamento básico, zero escola, meus pais eram aqueles que viviam do campo e de serviços braçais, tínhamos uma vida sofrida,

Ferro de Passar usado por minha Mãe, quando ela era lavadeira.

porém a criança quando está com quem ama ela aceita tudo por mais que não entenda, nesta época eu não sabia nada, lembro do meu primeiro trabalho: vendedor de geladinhos, mas os garotos me batiam e tomavam toda a renda as vezes, eu era mal nutrido e muito magro, e todos se aproveitavam disso, pela minha estatura baixa para idade, depois disso me tornei vendedor de pão, pela manhã, por volta das 5 horas, saíamos para a padaria, recolhíamos um certa quantidade de pão e íamos na madrugada pela rua gritando, OLHA O PÃO!

Nas cidades do interior, era comum os moradores receberem o leite e o pão na porta de casa, ainda não havia nessa época as facilidade de hoje em dia como leite em caixinha, pães ensacados, e o que fazíamos era ir para a padaria às 4horas da manhã, pegava o pão que nessa época pelo menos na minha cidade era baguete grande e saia pelas ruas gritando, OLHA O PÃO, nessa época eu montei minha primeira estratégia de vendas sem nem saber o que era isso, eu passava no dia anterior nas casas e pegava a informação de quem queria pão, deixava anotado, e quando eu saía com minha velha caixa, praticamente já tinha quase tudo vendido, nunca voltei com pão!

CRIATIVANDO! Negócios Criativos Faturam Mais!

Eu quando vendia pão, 5 horas da manhã com 9 anos de idade.

Ganhei meus primeiros trocados, compramos uma velha Bicicleta, de adulto, preta, marca monark, comprada com muito sacrifício pela minha mãe, eu trabalhava nela, todos os dias saía para vender pão nela, e a usávamos no nosso dia a dia, a vida começava a melhorar, minha mãe conseguiu construir uma casinha de madeira de roletes, coberta com compensado, as telhas eram de compensado, e as paredes de roletes e sobras de madeira (roletes são os miolos das toras de madeiras que não tem valor algum para indústria e não servem para uso comercial, nesta época de grande abundância de madeira 1988 esse material era descartado).

A TRAGÉDIA BATEU EM NOSSA PORTA

ORFÃO AOS 9 ANOS E POUCO MESES

Por mais que eu queira negar, eu virei parte das estatísticas, perdi minha mãe em 1990, quando tinha 9 anos de idade, ela já era separada do meu pai, que estava em outra cidade, éramos muito humildes, morávamos em um barraco de madeira, nas últimas ruas da pequena cidade de Redenção/PA, talvez naquela época tivesse uns 30.000 habitantes, não dá pra explicar, mas me lembro até hoje desse dia, minha mãe foi assassinada por um ex-companheiro que não aceitava a separação, pra mim foi muito duro, o único homem da casa não poder fazer nada para salvar a própria mãe, lembro-me de pegar uma faca e ir no hotel que o assassino estava hospedado, não imagino o que uma criança poderia fazer, mas a dor era muito grande. E a polícia nada fez.

Passado esse episódio, eu fui morar com uma tia, a qual devo a minha vida, ela me acolheu, meu pai estava ausente da cidade a anos, e nessa época não havia telefonia celular, apenas telefones de linha, e somente os ricos tinham acesso, pra uma família que mal tinha o que comer era uma realidade distante, ao ir morar com minha tia, fomos para umas fazendas, onde meu tio era capataz, minhas irmãs foram dispersadas entre casa na casa de parentes próximos, foi

CRIATIVANDO! Negócios Criativos Faturam Mais!

aí que começou a minha saga de vencer, de fazer algo, de mudar minha história, passei acredito que 1 ou 2 anos na casa da minha tia, não lembro ao certo, lá comecei a aprender a fazer de tudo na vida, a vida era difícil, vendi limões na feira, ajudei com tarefas domésticas, vendi caldo de cana, vendíamos ovo cozido na madrugada em porta de festa, fazíamos cobrança em garimpos, vendi pastel, geladinho, engraxei sapatos, trabalhei em oficinas mecânicas, borracharias, oficina de bicicletas.

Foto de quando eu vendia geladinho nas feiras, as vezes eu apanhava dos garotos e perdia a renda.

RECOMEÇANDO APÓS A TRAGÉDIA

CRIATIVANDO! Negócios Criativos Faturam Mais!

Logo que soube do ocorrido com minha mãe, meu pai veio me buscar, e eu que cresci sem a figura paterna, estava ali no dilema de continuar na casa da minha tia ou ir morar com meu pai, ele sempre foi ausente, mas sempre foi meu herói, eu amava meu pai apesar de todos os erros dele, ele era meu exemplo de vida, de um homem que sendo pedreiro tentava dar o melhor para seus filhos, ele voltou e fui morar com ele, a vida nos deu de presente madrasta, Dona Rita, ela se juntou com meu pai e de 6 viramos 10 filhos, alguns já grandes, outros nem tanto, lembro-me de ir para fazenda, cavar buracos de cerca, passávamos dias cavando, um por um, a cada 5 metros, com 70cm de profundidade, sob chuva ou sol, um belo dia, parou um carro del Rey Vermelho, tocando chitãozinho e chororó, música rancho fundo, me emociono de ouvir até hoje, eu escorei no cabo da cavadeira, (ferramenta manual usada para cavar buracos) e suspirei, "um dia vou ter um carrão desse e ouvir essa música", meio sem noção para um garoto improdutivo no meio do mato sem estudar, lembro de dizer pro meu pai que eu gostaria de estudar, e fomos pra cidade, na fazenda a vida era boa, tinha fartura, podíamos pescar, caçar, tinha leite, mas eu não me sentia feliz, não sei se foi o acaso ou se realmente meu pai me ouviu e fomos morarem Redenção/PA, nem lembro o ano, mas lembro da difícil vida, se alimentar, pagar aluguel, lembro de meses sem gás de cozinha, e cozinhávamos em lata de tinta 18litros, fazíamos um pequeno fogareiro: Uma espécie de fogão improvisado, como este da foto abaixo, até hoje sei que muita gente usa por não ter condições financeiras de comprar gás ou de ter um fogão decente.

Nosso fogão do dia a dia! Na falta de dinheiro pro gás, improvise!

Nesse período difícil eu fiz de tudo para encontrar meu lugar no mundo, passávamos semanas comendo ovo e arroz, 1 ovo para cada um no almoço, com arroz, era o que dava para comprar, mas antes disso muitas vezes quando pequeno íamos

CRIATIVANDO! Negócios Criativos Faturam Mais!

ao matadouro de bois da cidade pegar restos do gado para poder se alimentar, pulmões, cabeça, bucho, e aquilo parecia banquete, para que passava cerca de 3 meses sem ver uma carne na panela.

Vendendo a experiência de ter sapatos brilhosos nas praças de Redenção.

Na minha adolescência fiz de tudo que dava para tentar conseguir alguma grana, fui ser engraxate, e num desses atendimentos uma moça me disse: "Você é bem inteligente por que não procura um trabalho?" eu devia ter meus 12 anos, não lembro ao certo, foi então que começou a vontade de aprender coisas novas, daí por diante, procurei de tudo, vendi picolé, trabalhei em oficinas mecânicas, tentei entrar em eletrônica e fui recusado, tentei tornearia e não me aceitaram, uma vez

CRIATIVANDO! Negócios Criativos Faturam Mais!

fui a procura de uma vaga numa serraria madeireira a pé, pois eu não tinha locomoção e cidades pequenas não possuem transporte público, chegando lá o recrutador me achou muito magro, e disse que eu não daria conta do trabalho, mas eu insisti e pedi para trabalhar um dia, e depois de muito recusar, ele aceitou, eu era um dos melhores e mais rápidos, fazíamos pallets de madeira, era o dia inteiro martelando, tenho comigo que cada coisa que aprendemos serve de lição para moldarmos nosso lado criativo e nosso caráter, num futuro logo a frente, saindo da serraria, já com pequena experiência em cortar e martelar, fui trabalhar com marcenaria, fazíamos guarda roupas populares de um tipo de placa de compensando que chamávamos de triplac, não sei se este é o termo correto, mas era repetição, cortar, serrar, lixar, selar e envernizar, e assim sucessivamente, sempre os mesmos modelos, mesmos tamanhos e assim foi, em alguns meses eu saí fui demitido, a primeira e última vez que fui demitido. Eu prometi para mim mesmo que nunca mais eu seria demitido, começava a saga pelo EMPREGO PERFEITO.

CRIATIVANDO! Negócios Criativos Faturam Mais!

JAMAIS PERMITA QUE ALGUÉM DIGA QUE VOCÊ NÃO É CAPAZ DE FAZER ALGO!

CRIATIVANDO! Negócios Criativos Faturam Mais!

SAGA DO RIO XINGU

Passando esse episódio, fui parar no mato grosso, eu trabalhava em uma pequena oficina de embobinamento de motores elétricos, meu chefe disse estar fechando o negócio e indo para o Estado do Mato Grosso, região central do Brasil, dito isso, perguntei se eu poderia ir junto, e ele disse que se meu pai me autorizasse, eu poderia ir com certeza, meu pai via em meus olhos o brilho por aventuras não vividas, e nem mesmo questionou, embarquei então nessa mais louca Aventura, um garoto de 13 anos, dentro de um fusca, encima de um caminhão, talvez esteja aí minha paixão por fusca, fomos via estradas de terras recém abertas atravessando matas, atoleiros, rios, balsas, pernilongos, mata fechada, cozinhávamos nossa própria comida em fogões dos caminhões, tudo improvisado, para mim tudo aventura, ao chegar na travessia do Rio Xingu, era uma balsa comandada por índios da tribo Caiapó, não lembro exatamente, eles se incomodaram pelo fato de um dos caminhoneiros tirarem uma fotografia do rio, com uma velha máquina de filmes, nesta época, não existia celular na nossa região nem câmeras digitais, o piloto da balsa, ao ver a foto sendo tirada, rapidamente largou o leme, e desceu para tomar a máquina, começou uma fervorosa discussão, os índios temiam que as fotos fossem divulgadas, pois faziam desmatamento ilegal, e vendiam madeira da reserva, a balsa ficou desgovernada, descemos uns 500 metros rio abaixo, e com as corredeiras fortes, demorou-se um bom tempo até retornar ao local exato, passando o susto, descarregamos e fomos pescar, lembro de eu pegar uma belíssima piranha preta, acho que é a maior da espécie, e não é história de pescador, fiquei feliz, chegamos ao Mato Grosso, e fomos para a cidade de Sorriso, depois Sinop e Peixoto de Azevedo, os negócios não foram bem como esperávamos eu era um garoto, esse foi o primeiro negócio que participei desde o início, a montar do zero, mas eu não entendia que ali começava uma missão, ajudar pessoas a montarem seus negócios, mas isso lá na frente eu conto.

Quando vendia picolé na adolescência para ajudar nas despesas em casa.

TENTATIVA E ERRO

Cada dia tentei me tornar cada vez mais criativo, eu não sabia o que realmente era criatividade, eu não estudara, o ensino primário

CRIATIVANDO! Negócios Criativos Faturam Mais!

nas escolas públicas não tinha artes, desenho, música, coisas que talvez você tenha tido na sua infância, na verdade nunca cheguei sequer a colorir um desenho, que hoje vejo minhas filhas fazerem o tempo todo, eu naquele tempo tentava me ajudar, nem se passava na minha cabeça eu ajudar pessoas a chegarem lá, tudo ainda era muito obscuro e eu não tinha a visão que tenho hoje, nesta viagem ao mato grosso aprendi, que nem tudo dá certo, que tomamos decisões e caminhos errados as vezes, mas você não tendo nada na vida, recomeçar é tão comum quanto falhar, simplesmente você não tem opção, também aprendi a apreciar as cores, os detalhes, a natureza, eu ficava vendo a textura de uma casca de árvore ou até mesmo de um monte de terra, eu nem imaginava ainda que um dia estudaria design, as penas dos enfeites dos índios cativaram minha atenção, as cores das matas e florestas, o barro Vermelho das cidades, os semblantes sofridos de madeireiros e garimpeiros, tudo aquilo ia construindo uma personalidade dentro de mim, logo então eu voltei sozinho de ônibus de Sinop no Mato Grosso para Redenção/PA, um garoto que o mais longe que tinha ido de casa era a na cantina da esquina da sua rua, e agora teve que percorrer 1.542km sozinho, pra mim foi emocionante, e essa foi a primeira de muitas viagens que fiz pelo Brasil, logo que voltei fui trabalhar em uma marcenaria, que já permitia mais a criatividade, eu pensava à frente, mas o que poderia as vezes me ajudar atrapalhava, as pessoas são muito fechadas para a criatividade, a inovação, o diferente, nosso cérebro é feito para economizar energia, tática de sobrevivência. Nessa marcenaria, eu comecei a fazer meus primeiros desenhos mais criativos, lembro que desenhava alguns móveis específicos, e de vez em quando aparecia uma oportunidade, até que o dono da marcenaria me deixou fazer algumas mudanças, eu não aceitava o fato da produção ser tão lenta, então criei umas formas de produzir em sequência determinadas peças padrão, lembro de organizar o que seria produzido antes e a assim fazia um sequenciamento para aproveitar as regulagens de máquinas e cortes de peças, com isso ganhava agilidade e eu produzia uns 25% a mais que os mesmos caras que trabalhavam comigo. E o mais incrível eu não era muito bom na marcenaria, mas ser eficiente é melhor que ser apenas bom. Sempre tive talento mediano.

Trabalhando em marcenaria
MEU PRIMEIRO CONTATO NO MUNDO CRIATIVO!

Com isso eu fui trabalhando em diversos locais, cada vez mais aprendendo um pouco de cada coisa que eu fazia, até que um dia, uma senhora da igreja que eu frequentava, me disse que seu filho precisava de alguém para trabalhar, em um escritório de artes gráficas, eu não sabia o que era isso ainda, mas prontamente me ofereci para trabalhar, quando ele conversou comigo, disse que

CRIATIVANDO! Negócios Criativos Faturam Mais!

estava começando, que não poderia me pagar, então, não pensando duas vezes, vendi tudo que tinha, que não era muita coisa, uma Bicicleta, e alguns outros pertences e amanheci na porta dele no outro dia, e disse que trabalharia de graça, até aprender, eu ia e voltava a pé de casa, eu trabalhava num computador, para mim aquilo era um sonho, eu comecei meus primeiros passos criativos, desenhávamos embalagens comerciais, cartões, cartazes, ainda não existiam bancos de imagens na internet, aliás a internet dava seus primeiros passo no interior do País, o que fazíamos era scanear pesados livros de imagens, nossa quanta limitação, hoje com tanto material online disponível ainda existe a falta de criatividade de tantos profissionais, nesse tempo aprendi a diagramar algumas coisas e a vida ia seguindo, me lembro de no natal receber R$ 10,00 ou algo assim pelo ano de trabalho, eu trabalhava as vezes até as 23horas, eu amava aquilo ali, um dia o próprio dono me incentivou a ganhar asas, tive que sair e procurar coisa melhor.

SINDICATO RURAL

Fui trabalhar no sindicato rural, onde aprendi a redigir memorandos, a conversar com fazendeiros, e a evoluir um pouco, saindo do sindicato fui trabalhar em um escritório madeireiro, onde tive fiquei alienado à parte técnica das coisas e zero de criatividade, foi então que resolvi empreender, comprei uma escola de informática tradicional na cidade, eu já tinha ganhado alguns trocados e resolvi empreender, eu não fazia ideia do que estava fazendo, não durou muito, eu jovem, inexperiente, com apenas 18 anos de idade, com meu próprio negócio, o sonho virou pesadelo, fiquei sem nada novamente, depois montei uma loja de perfumes, eu achava o máximo aquilo, mas não vendi quase nada, e quebrei novamente, eu não tinha nenhuma formação, mas eu tinha garra, força, vontade.

CRIATIVANDO! Negócios Criativos Faturam Mais!

Trabalhando como estoquista em mercados da cidade.

PRODUZIDO NA ZONA FRANCA DE MANAUS

Pra recomeçar eu vi a possibilidade de ir para outra cidade, foi então que escolhi Manaus, por um motivo óbvio, quando ainda criança, junto de meu pai e minhas irmãs, nas fazendas sempre ouvíamos os jogos do fluminense nos radinhos de pilha.

CRIATIVANDO! Negócios Criativos Faturam Mais!

ATENÇÃO AO DETALHES

Eu quando criança, olhando os detalhes dos rádios de pilha que meu pai ouvia, sempre via escrito atrás PRODUZIDO NA ZONA FRANCA DE MANAUS, pra mim eu pensava, deve ser um berço da tecnologia e um mundo de oportunidades, larguei tudo que não tinha, e fui para Manaus em 2001, conheci grandes amigos, mas o sonho de fazer algo em Manaus ficou difícil, eu não tinha escolaridade para uma boa vaga no Distrito Industrial de Manaus, fui trabalhar em um pequeno Bureau de serviços gráficos, onde usava meu talento, e ajudava pequenos empreendedores a aplicar melhor suas marcas, comecei a fazer capas de CDs, ainda se gravavam muitos cdrs e dvds nessa época, fiz muitos trabalhos, um belo dia um empresário me achou e fomos trabalhar juntos em um novo projeto, então conheci o mundo das embalagens, nessa mesma época, ingressei no CURSO SUPERIOR DE DESIGN DE INTERFACE DIGITAL, o nome era bonito, imponente, era um avanço tecnológico para mim, nesse período prestei serviços para grandes indústrias internacionais, Sony, Samsung, LG, Panasonic, AOC, fazíamos os moldes para impressão em embalagens de papelão ondulado, o cara antes rejeitado para um emprego agora fazia reuniões com Coreanos e Japoneses, trazia soluções, foi nessa época que comecei a aprender a criar DIFERENCIAÇÃO DE MERCADO, para melhorar as vendas e o valor agregado de produtos ou serviços, com o tempo tudo era rotina e comecei a me sentir meio estagnado, a vida tinha melhorado mas eu estava parado no tempo, foi quando resolvi empreender meu próprio negócio de moldes, já era 2010, funcionei por 4 anos, mas devido à conflitos na sociedade, larguei tudo, e sem nem 1 real no bolso, recomecei!

QUERO SER UM GRANDE VENDEDOR

CRIATIVANDO! Negócios Criativos Faturam Mais!

Após sair da sociedade da minha antiga empresa, ingressei de cabeça no mundo das vendas, eu imaginava que eu venderia muitas coisas, pois eu via quantos vendedores com pouco conhecimento existiam, que não se dedicavam em aprender e em evoluir, eu ajudava a fechar muitas vendas apenas para fechar o molde de embalagem, quando os vendedores de fábricas de embalagem tinham um produto novo, sempre me recomendavam, pelo excelente serviço que eu prestara, acabava por vender a embalagem e o molde da embalagem, o vendedor não tinha trabalho algum, eu resolvia tudo, pensado que eu poderia ser um bom vendedor, recomecei sem nem um real, inicialmente como representante de vendas da Amazon Etiquetas, uma indústria de Manaus que fabrica rótulos e etiquetas, de um grande amigo Wandelson Freitas, ele foi o primeiro a me dar a oportunidade de vender, eu vendia moldes que era uma venda extremamente complexa, então para mim vender já era uma rotina diária, ao chegar no GRUPO AMAZON e eu olhava aqueles designs de rótulos e propunha sempre uma melhoria, e um dos meus primeiros clientes foi a **Dubom Temperos**, do sr. **Francisco Nascimento** que hoje pra mim também se tornou um grande amigo, irmão, foi na Dubom onde fui a pé fazer uma das minhas primeiras vendas, imagina, a uma semana atrás eu era DONO de empresa e depois estava vendendo etiquetas a pé, pois para me sustentar eu vendi o carro, sem dinheiro as vezes pegava ônibus, ou mototáxi, uma espécie de motoboy que leva passageiros, foi aí que comecei a saga das vendas, montei minha empresa, sediada inicialmente em Manaus, hoje quando escrevo este livro, está sediada no Estado de São Paulo, sob o nome Brand Negócios Criativos, na cidade de Campinas, foi então que comecei a enxergar algo que eu fazia pelas dezenas de Negócios que sempre atendi, eu não me conformava em fazer exatamente o que os clientes pediam e queria sempre fazer um algo a mais, melhorar o design, a função, ajudava a modernizar a produção, as vezes me metia sem o cliente solicitar, tentando criar novas soluções, processos produtivos, tentando ajudar o cliente a melhorar seu processo, e então o Sr. Francisco Nascimento,

CRIATIVANDO! Negócios Criativos Faturam Mais!

acreditou no meu trabalho e iniciamos um trabalho de revolução em sua empresa, melhoramos visual, a comunicação, a marca, e depois passamos por um longo processo de melhoria de embalagens, no começo ele duvidava das minhas ideias, e talvez até eu duvidasse, eu tinha a certeza meio incerta dentro de mim que aquilo funcionaria, passando-se vários anos, ele começou a acreditar mais, a Dubom deu um salto, passou de empresa que vendia temperos à população com menor poder aquisitivo à atender todas as classes com embalagens incríveis e novos produtos constantes, produtos gourmet, entre vários outros, hoje são mais de 150 itens com design refeito, sucesso absoluto de vendas, e não parou, estamos cada vez mais desenvolvendo novas linhas, claro aliado ao bom trabalho do grande empreendedor que é o dono do negócio.

CRIANDO NEGÓCIOS LUCRATIVOS

O único objetivo aqui é o propósito de ajudar mais pessoas, quanto mais pessoas essa obra atingir melhor estará meu coração, eu não tive nenhum guia para começar e muitos não tem, então que este sirva de guia para quem tem no coração um desejo profundo de empreender e fazer algo relevante nessa nossa curta passagem nesta terra chamada vida.

E uma forma de você ajudar outras pessoas é levar conhecimento, transmitir sua sabedoria do seu negócio para outros que não detém recursos nem acessibilidade, tem tantas crianças brilhantes perdidas no meio de uma favela ou de um bairro pobre, quisera eu pudesse ajudar cada uma delas, quisera eu pudesse ensinar mais e mais, para que assim algum dia uma delas possa estar escrevendo um livro assim como faço agora!

CRIATIVANDO! Negócios Criativos Faturam Mais!

A CRIATIVIDADE

Na minha mais humilde opinião, o que podemos dizer é que a criatividade pode ser uma qualidade, uma característica, a mesma coisa empregada de formas diferentes, inventividade, inteligência, e talento, natos ou trabalhados, para criar produtos, serviços, espaços, técnicas, projetos, de forma que fuja dos padrões tradicionais, abrangendo uma experiência diferente em cada aspecto que é aplicada, eu pessoalmente gosto muito do termo criatividade, as

CRIATIVANDO! Negócios Criativos Faturam Mais!

pessoas tendem a pensar por si próprias que não são criativas, quando na verdade, todos nós temos os mesmo dons e talentos, nosso cérebro é capaz de aprender qualquer coisa, desde que haja estímulos e prática, eu sempre digo que a prática é a melhor experiência para se aprender algo, e a repetição leva a perfeição, quanto mais você exerce uma função ou fabrica um objeto, mais você consegue absorver e canalizar para resolver problemas ou criar inovações, já parou para pensar em algumas coisas tais como, porque já não fizeram esse carro com esse design futurístico no ano passado? Ou porque demoraram tanto a inventor um determinado produto? Ou porquê uma abordagem de vendas de algumas empresas ainda está na era do passado? Ou porque determinada empresa não cresce nem evolui? Talvez a resposta seja: falta de aprendizado constante, nós humanos tendemos a nos manter no modo econômico, é uma tática de sobrevivência, guardar energia para quando for necessário, não estudar para não gastar energia, não treinar minha equipe de vendas pra não ocupar um dia de trabalho e eu perder vendas com isso, por mais que lendo possa parecer absurdo é o que acontece constantemente na maioria das empresas do Brasil, muitos empreendedores de primeira viagem, muitos que estão a muitos anos no ramo dos negócios e acham que já dominam todas as técnicas e que seu produto ou serviço oferecido já atingiu o máximo, muitos até querem evoluir mas não sabem exatamente como, e todo empresário, seja grande ou micro, precisa de ajuda externa, precisa de colaboradores treinados, as empresas pecam e desperdiçam talentos valiosos por ter líderes despreparados, e quando preparam, é por uma tempo curto mas sabemos que a evolução não pode parar em um único treinamento, tem que prosseguir para que o sucesso que é como uma escada seja atingido degrau por degrau.

Fazer é a melhor forma de aprender!

CRIATIVANDO! Negócios Criativos Faturam Mais!

EMPRESAS CRIATIVAS

Antes de falarmos sobre empresas criativas e tudo mais que esteja relacionado à isso, vamos entender como se desenvolve esse PROCESSO e como fazemos para atingir cada vez mais resultados satisfatórios, e transmitir aos nossos colegas de time de maneira que todos evoluam e entendam o que é de fato um negócio criativo.

TIPOS DE CRIATIVIDADE

São várias, eu não saberia dizer ao certo tudo, mas conheço alguns termos que explico abaixo.

DELIBERADA E COGNITIVA

Baseia-se em pessoas de alto conhecimento e com capacidade de realizar amplos testes em uma determinada situação, por dominarem uma ferramenta ou um assunto específico. Para este tipo são feitos muitos experimentos levando a um caminho mais concreto para a solução final. Geralmente essas pessoas gostam muito de pesquisar antes de testar.

DELIBERADA E EMOCIONAL

Para esse padrão as pessoas são as que dão mais ênfase na experiência que nos atributos, os estudos são minimizados e trocados pelo emocional, como se sente e como percebe a situação, aqui padrões e dados são deixados de lados, o irracional é melhor que o racional, profissionais desse tipo entregam mais coisas baseadas com sua experiência pessoal e emoção do que com a razão.

ESPONTÂNEA E COGNITIVA

Este é um tipo de criatividade diferente, a liberdade de expressão é maior, foge-se das obrigatoriedades. O cognitivo é mais aplicado, esse tipo de pessoa as vezes precisa de um tempo extra para pensar e cria soluções as vezes fora do seu campo de trabalho, geralmente usam o ócio criativo, no meu caso eu preciso as vezes pegar o carro e dirigir, sem rumo sem direção para criar coisas ou estabelecer ideias ou resolver um problema.

ESPONTÂNEA E EMOCIONAL

Para este tipo de criatividade, a ideia surge do nada, de forma descontraída. Une-se aos aspectos emocionais e deixa de lado dados ou atributos, geralmente explica aquela ideia do nada, que surge e faz a diferença na vida dos criadores, geralmente artistas, músicos e escritores tem mais esse tipo.

ÓCIO CRIATIVO

Originalmente essa ideia foi proposta pelo professor e sociólogo italiano Domenico de Masi no meio da década de 90. Ócio criativo seria uma maneira interessante de fazer uma ponte entre trabalho, estudo e lazer, muitos chamam o ócio criativo de preguiça, e antes de você afirmar que é um profissional em ócio criativo na verdade trata-se de um aspecto da evolução pós era industrial, as pessoas querem se conectar com pessoas, agora estamos na era do consumidor, e um empregador tem que lutar para ter bons jogadores em seu time, e a conjunção entre esses termos faz com que a organização seja ela grande e sobrepujante ou apenas um pequeno negócio é como os colaboradores se sentem nelas, se fazem parte de uma cultura, se fazem parte da visão, ou estão ali apenas para executar comandos repetitivos sem sentido algum.

BRASILEIRO É EMPREENDEDOR POR NATUREZA

Amo o Brasil, amo os brasileiros que empreendem, que lutam todos os dias com todas as forças para manter um negócio de pé, mesmo com todas as dificuldades todos os dias vencem a batalha da vida, empregam, geram renda, criam expectativas, ajudam pessoas. O que falta em nós brasileiros é buscar mais conhecimento, me mostre um empreendedor que estuda igual um engenheiro ou médico, que te mostro um futuro milionário, temos que buscar conhecimento, e não é conhecimento de faculdade, na faculdade é só teoria, a maioria dos professores e educadores ensinam teorias, a prática vem quando você age, ninguém nos ensina a empreender, não tem essa matéria na escola, mas deveria, ninguém me disse como seria quando montei meu primeiro negócio, você pode até dizer que tem escolas de negócios, mas na maioria são inacessíveis para que ganha até um salário mínimo, não tem um manual explicando os prós e os contras, e isso faz muita falta, portanto, busque o

CRIATIVANDO! Negócios Criativos Faturam Mais!

conhecimento em várias áreas, mas seja excelente em algo, a excelência faz com que você crie autoridade no assunto, se você tem uma padaria não precisa saber fazer análise químicas das massas e descobrir qual fungo cria o melhor sabor, nem precisa ser o melhor do mundo, tem que ser excelência na sua região, ter o melhor e mais quentinho pão a toda hora na sua padaria ajuda mais do que conhecer todos os processos químicos envolvidos, portanto se tens uma padaria o melhor a fazer é viajar, provar outros sabores, testar atendimentos, verificar como pode melhorar seu produto, seu atendimento, entre outros.

Trabalhando pesador de verduras em hortifruti.

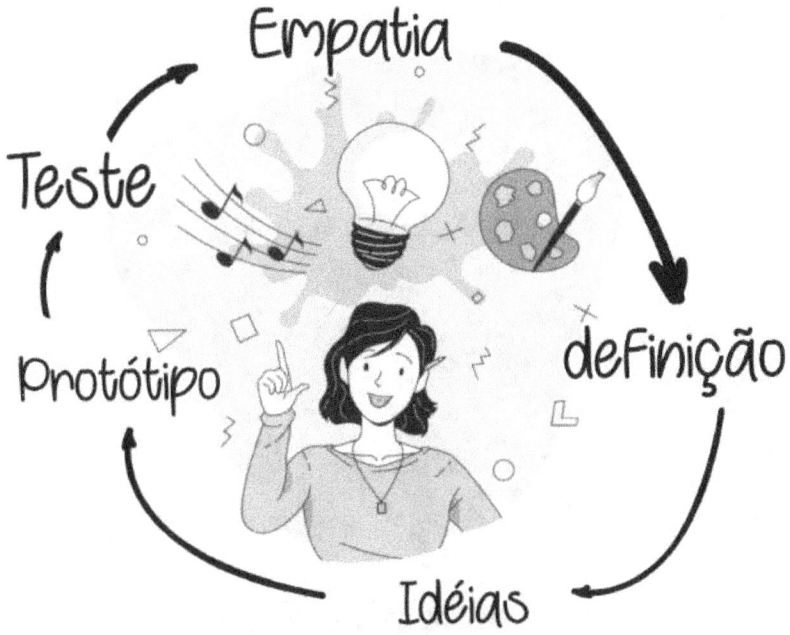

MELHORAR A VIDA DE PESSOAS FAZ A SUA MELHORAR TAMBÉM

Tanto os trabalhadores quanto donos de negócio buscam mais qualidade de vida, e essa qualidade de vida é um novo estilo que tem surgido no Brasil, em outros países onde a média salarial é bem melhor, os trabalhadores comuns desfrutam dos mesmos privilégios dos mais ricos e prósperos, pois a média salarial é geral e quase tudo tem acesso de todas as classes sociais.

CRIATIVANDO! Negócios Criativos Faturam Mais!

Se você tem um negócio a pergunta que deve fazer a si mesmo é, em que tenho contribuído para melhorar a sociedade ou minha comunidade? O que tenho feito para fazer as pessoas se sentirem melhor? Enquanto pensarmos apenas em melhorar nossas vidas infelizmente seremos apenas escravos de nossos próprios desejos, e se o seu negócio tira proveito de alguém ou fere direitos de outros o melhor a fazer é abandonar tal negócio.

QUAL SEU NEGÓCIO?

CRIATIVANDO! Negócios Criativos Faturam Mais!

Temos no Brasil uma fome de empreender, todos querem montar um negócio próprio e fugir da escravidão de trabalhar para alguém, mas será que é a solução?

Quando me perguntam, e sempre me perguntam se é hora de montarem seus próprios negócios e se vale a pena, eu faço a pergunta para saber uma coisa: Qual o seu objetivo? E recebo as mais variadas respostas possíveis, desde que não aguento mais trabalhar, não quero ter mais chefes, quero ter paz, quero subir na vida, quero subir de nível, mas o que não entendem é que ser empreendedor talvez faça com que você trabalhe o dobro e em vez de ter um chefe tenha vários chefes que serão seus clientes, mas ver sua marca tomando forma e seu legado sendo construído não tem preço, gera a sensação de dignidade e amor próprio que não dá pra mensurar, como está sua situação hoje? Já abriu seu próprio negócio? Como tem se saído?

Ajude e Converse com as pessoas na Rua, As vezes elas só querem esperança!

CRIATIVANDO! Negócios Criativos Faturam Mais!

A DURA VIDA DE EMPREENDEDOR NO BRASIL

O Brasil é um país rico, o que produz riqueza são os bens naturais e temos de sobra, o problema é que vendemos muita matéria prima e poucos produtos finais.

A **exportação é uma das principais operações econômicas de um país**, por meio dela é possível compreender a situação econômica. Os

CRIATIVANDO! Negócios Criativos Faturam Mais!

dados estatísticos de Comércio Exterior, são gerados através de informações do Siscomex e divulgados pelo MDIC (SECINT).

Veja abaixo o que o **Brasil mais exporta atualmente.**

- Soja
- Petróleo
- Minério de ferro
- Celulose
- Milho
- Carne de bovino
- Carne de frango
- Demais produtos manufaturados
- Farelo de Soja
- Café

Pode-se notar que exportamos muitos produtos de matéria-prima bruta, e importamos os produtos acabados, como eletrônicos, eletrodomésticos, peças e componentes, dentre outros, e isso faz com que sejamos uma nação atrasada em alguns quesitos, mas a criatividade do brasileiro é surpreendente, o brasileiro é criativo por natureza, basta olhar as festas folclóricas, o carnaval, as festas juninas, temos a criatividade e o calor no nosso sangue tropical, e com tantas áreas de terra no Brasil temos variações de culturas e gostos que vão de norte a sul do país, Enquanto no sul do Brasil tem a bergamota, no norte chamam de tangerina ou mexerica, no nordeste tem a tradicional buchada de bode ou acarajé se formos pra Bahia, no sul temos o tradicional churrasco gaúcho que contrasta com o porco frito e o pão de queijo dos mineiros que aliás já é uma iguaria mundialmente famosa.

GIGANTE POR NATUREZA – GIGANTES OPORTUNIDADES

CRIATIVANDO! Negócios Criativos Faturam Mais!

Com esta vasta extensão territorial que temos no Brasil, vem junto os desafios, eu não posso deixar de mencionar que atendo empreendedores de todo o país, e algumas coisas que fazem um sucesso gigantesco em algumas cidades em outras nem são notadas, como viajo bastante acompanho todas as culturas brasileiras, por exemplo torresmo frito, que faz muito sucesso em muitos restaurantes do Centro-oeste a sudeste, quase não é achado no Norte, a famosa tapioquinha do Pará e do Amazonas são quase inexistentes no sul e sudeste, o Açaí que em alguns estados do norte comem até no almoço diário ou acompanhado de um belo bife, no sudeste é tratado como um tipo de sorvete, a macaxeira que é conhecida como mandioca brava, ou mandioca venenosa dependendo do estado que você estiver mudam-se as funções de cada uma, se você estiver em Manaus e pedir um café, recebe café com leite, para tomar café puro tem que dizer "café preto", o medalhão de mandioca que existe no Mato Grosso do Sul é inexistente em algumas regiões, o arroz com pequi do Goiás contrasta com arroz carreteiro do sul, fora a parte de comidas que é uma das centralizadoras das diferenças entre as cidades ainda tem a cultura, as músicas, a Geografia, o clima, dentre muitas outras coisas. Quem gosta do frio toma sorvete no inverno do sul do país ou do Sudeste. Quem já foi nas Praias do Nordeste não vai querer jamais entrar numa praia gelada de Florianópolis, que apesar de ter um período quente ele se torna bem curto em relação ao Nordeste ou Norte de calor escaldante.

DIVERSIDADE DE NEGÓCIOS E EMPRESAS

Posso dizer que já vi de tudo nesse Brasil afora, somos o país da coxinha, do espetinho, da pamonha, do milho cozido, do pão de queijo, do pequi, do tucumã, do chimarrão, do tereré, da tapioca ao

CRIATIVANDO! Negócios Criativos Faturam Mais!

açaí, do arroz carreteiro às academias de capoeira, das lojas de redes, dos barcos que levam 12 dias para chegar ao destino, do pão na chapa, do x-salada, do enroladinho de queijo, do frango assado da esquina, do peixe na folha da bananeira, dos caminhoneiros que tornam o empreender mais real, enfim, somos uma grande nação, somos um país receptivo, onde o estrangeiro trabalha e come do mesmo pão, somos bons por natureza e de grande coração, temos que parar de dizer que somos do norte ou do sul, do estado a ou do estado b, para quando perguntarem de onde você é tenha essa única resposta: sou do Brasil.

Vendo todas essas diferenças o que Podemos dizer é que temos um país sensacional, e você pode abrir todo tipo de negócio que tem todo tipo de cliente disponível para lhe abraçar e receber, desde o carro do ovo quanto o carro do gás na rua, fretes de carroça ou

CRIATIVANDO! Negócios Criativos Faturam Mais!

charrete para alguns, a barraca de frutas na esquina, o carrinho de picolé, lembra do carro da pamonha está passando em sua rua? E o carro do sorvete dá lugar ao carro do açaí, Dependendo da sua região você sabe do que estou falando, o vendedor de cafezinho na rua, a manicure no salão, o vendedor de pano de chão nos sinais, todas são típicos negócios que existem e sustentam famílias, e pode não parecer mas ajudam a movimentar a economia deste enorme país. Então quando passar por um ambulante, ou por um trabalhado suado no sinal, pense que ele está sustentando a família dele com dignidade e com a criatividade que é a única coisa que ele tem, incentive, o ambulante de hoje pode ser o milionário de amanhã, lembro-me da minha trajetória, que eu estava na roça, suado, capinando ou molhando pés de tomate, e hoje estou sentado em um belo shopping center, com um notebook de última geração contando uma história que espero que muitos leiam para ver a superação e a transformação que uma pessoa pode sofrer, não depende da condição social atual, mas sim da semente que essa pessoa carrega dentro do peito. Este livro tem o intuito de ajudar pequenos negócios, mas pode ser que você seja um grande empresário multimilionário e possa aproveitar algumas dicas.

INICIANDO UM PEQUENO NEGÓCIO

CRIATIVANDO! Negócios Criativos Faturam Mais!

Quando vejo as terminologias empregadas até mesmo nos órgãos do governo que estão lá pra ajudar o pequeno empreendedor acaba-se que confunde ainda mais a nossa mente, para iniciar um pequeno negócio pedem-se matriz swot, plano de negócio, planejamento estratégico, capital de giro, instalações adequadas, licença ambiental, licença sanitária, licença  bombeiros, estacionamento, planta baixa, estacionamento, marca registrada, Alvará, IPTU, CNAE, CNPJ, Inscrição estadual, inscrição municipal, Ufa! Cansei, essas são algumas das coisas que pedem e olha que sinceramente, 90% dos pequenos negócios não vão conseguir absorver isso, então o que fazem? Começam do jeito que dá, com o que tem, e qual o meu conselho:

Comece a fazer Algo Hoje, por mais simples que seja, comece apenas, comece!

CRIATIVANDO! Negócios Criativos Faturam Mais!

COMO E O QUE COMEÇAR?

Se você é daqueles que ou perdeu seu emprego, ou quer sair do trabalho e não sabe de nada, não tem nenhum talento especial, saiba que você não é o único no mundo, a maioria dos grandes empresários não tem nível superior completo e nem talento especial, ganhar dinheiro não tem nada a ver com diploma, sou prova viva disso pois hoje eu sustento minha casa com louvor sem ter nenhum talento especial, mas como assim? Você está escrevendo um livro, tem milhares de trabalhos de design realizados, isso não é talento? Na verdade eu considero talento como uma consequência de prática e repetição que levam a perfeição, ou se aproxima disso, tem umas tarefas que precisam de uma atenção especial, outras nem tanto, mas qualquer um é capaz de executar qualquer coisa independente da sua classe, nível de escolaridade ou experiências obtidas, você tem que pagar o preço pelo que deseja ser, se quer ser médico estude para ser médico, se quer ser engenheiro, estude para ser engenheiro, mas eu prefiro que você seja o dono da clínica e contrate os médicos, que seja o dono da construtora e contrate os engenheiros, o que fazemos é nos prender em crenças limitantes que nos impedem de avançar. Qual a diferença do seu cérebro para o meu? Qual a diferença do meu cérebro para o de um Astronauta? Ou piloto de avião ou um engenheiro renomado? Então pare de criar desculpas e comece a criar oportunidades, na garagem, no sinal, na rua, mas começar é para nunca mais parar, nunca mais parar de aprender, viva, aprenda, ensine, transpire conhecimento, ajude outras pessoas a melhorarem suas vidas e a sua vai melhorar também! Quando menciono aprender muita gente pensa, vou fazer mais uma faculdade, vou fazer mais uma pós-graduação, pare! Isso mesmo, pare, coloque algo em prática e continue aprendendo no paralelo, faculdade é importante, mas se você ficar só fazendo faculdade e não colocando em prática não vai adiantar muito, vai estudando e praticando, se possível na mesma área que está aprendendo.

FAÇA SIMPLES

CRIATIVANDO! Negócios Criativos Faturam Mais!

A única coisa que aconselho é faça simples, as melhores ideias são as mais simples, tudo que complica demais torna-se um resultado lento e demorado, a não ser que você seja pesquisador ou cientista não vai querer esperar anos para ver um resultado, aprenda que não existe fracasso, tudo é resultado, resultados baixos ou resultados altos depende da visão de cada um, tenha um propósito, ao montar seu negócio tenha um propósito de vida, que seja alimentar sua família, ou alimentar outras famílias, escolarizar seus filhos, ajudar na comunidade ou bairro, mas tenha um propósito, assim vai ajudar você a ir mais longe, mesmo que hoje você tenha apenas uma necessidade, o propósito vai manter você no caminho, um grande navio, sempre tem um destino, mas é comandado por um pequeno leme, um ônibus tem paradas e destino final, não que você tenha que pensar no fim, mas sim onde deseja chegar com isso, já observou que todos que tem um desejo intenso e se dedicam nele consegue? Quantos advogados que eram engraxates, quantos engenheiros que eram vendedor de picolé, quantos gerentes que eram carregadores, não se limite, você é capaz, mas saiba, para tudo há um preço que precisa ser pago antes, o banco só empresta dinheiro para quem já tem dinheiro, ou quem tem algo em ação, não pense que você vai conseguir R$ 100 mil se você não sabe como chegar a esse valor, primeiro plante, regue, adube, cuide e depois colha. É uma lei.

Tudo que você desejar, se fervorosamente desejar e começar a trabalhar para que isso aconteça, certamente você vai chegar lá. Se conversar com 10 ou 20 empreendedores que alcançaram sucesso a grande maioria teve uma parte na vida que não tinha quase nada além do desejo de fazer algo.

Então siga meu conselho. Comece! O dinheiro vai aparecer, se você simplesmente acreditar, não tire os direitos de ninguém, faça sempre o que é certo e não rompa com princípios, credibilidade é melhor que crédito.

CRIATIVANDO! Negócios Criativos Faturam Mais!

Invista em você, não adianta a torneira ser de ouro, se a água que sai dela é poluída, fazer o que é certo no mundo dos negócios só faz bem pra você.

FAÇA BONITO

Não importa o que seja, faça bonito, faça lindo, faça com que as pessoas olhem e admirem seu negócio, seja criativo, ouse, invente. Revolucione. Um ambiente bem pensado e organizado, faz com que os clientes se sintam mais à vontade e gastem mais no estabelecimento, se por exemplo você vai montar uma floricultura, use madeiras de demolição, móveis rústicos, muita luz natural, boa circulação entre os produtos, e tente fazer um fluxo de atendimento rápido com auto serviço de preferência.

Já foi comprovado que se o ambiente é acolhedor e de acordo com os gostos dos visitantes e potenciais clientes facilita muito na hora de vender mais, lá na parte de marketing desse livro, vamos mostrar como fazer promoções criativas.

COM QUAL TIPO DE NEGÓCIO VOCÊ MAIS SE IDENTIFICA?

O que acontece com muitos empreendedores de primeira viagem é montar algo que eles detestam trabalhar, as vezes porque trabalharam por anos, e detém do conhecimento técnico necessário para tal tarefa, e o que acaba acontecendo é fazer o que não gosta e

CRIATIVANDO! Negócios Criativos Faturam Mais!

com isso entregar um produto ou serviço de qualidade duvidosa, ou com pouco entusiasmo, aliás o que digo sempre é: se não tem qualidade nem deveria vender, chamo isso de negócio chinês, é barato mas ninguém quer, apesar de até a china já vem trabalhando para mudar isso, muitos empreendedores ainda não aprenderam e entregam mais do mesmo por um preço horrível e por isso não saem do lugar e cada vez mais ficam infelizes e estagnados.

Se você vai fazer um negócio que é comum, tipo padaria, lanchonete, borracharia, mercadinho, conveniência ou empório por exemplo, trate de colocar um diferencial, seja no atendimento, seja na entrega, seja na experiência de compras, seja no sabor da comida que for servir, mas tem que ter algo autêntico, que leve os clientes até você, tente ir nos melhores locais, viajar, e conhecer muitos negócios semelhantes, não para copiar mas para ver o que poderia ser feito de forma diferente, se inspirar.

TEMPESTADE DE IDÉIAS

CRIATIVANDO! Negócios Criativos Faturam Mais!

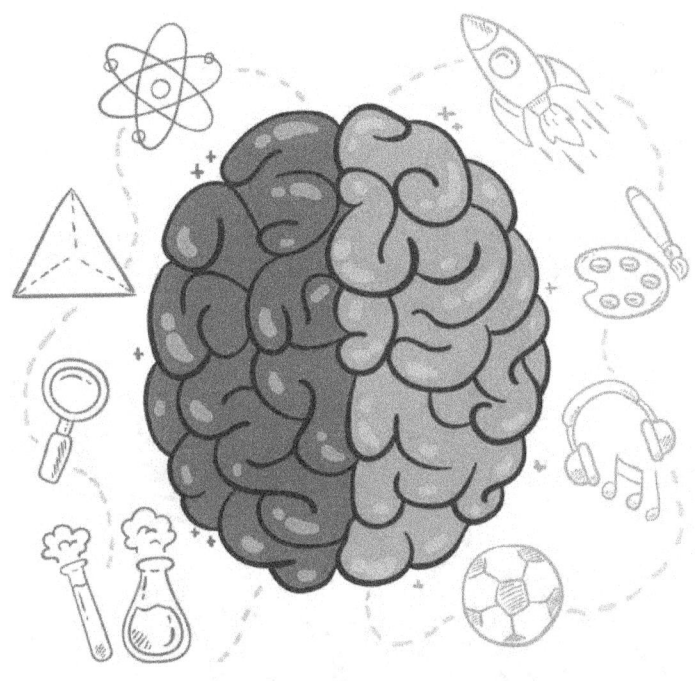

Está sem ideia do que montar? Abaixo vamos dar umas 100 ideias de possíveis negócios, e olha que já vi quase todos eles em funcionamento em algum lugar do Brasil, lembre-se de não se apegar ao "politicamente correto", tempestade de ideias é um método que é frequente nas equipes de negócios para criar diversos meios e ideias para chegar a resolução de determinado problema, então essa é a hora de viajar na maionese e esquecer coisas lógicas, tente imaginar se esse negócio resolveria algum problema na sua região, se ajudaria alguém, se melhoraria alguma vida que não seja a sua, lembre-se toda vez que pensar em si mesmo, pense no próximo e quão bem aquilo faria à uma outra pessoa.

100 IDÉIAS RÁPIDAS PARA PENSAR

CRIATIVANDO! Negócios Criativos Faturam Mais!

1-Água de coco engarrafada: Simples, água de coco pura sem conservantes, pode vender resfriada ou congelada, depois de congelada vale por 6 meses, mas ao descongelar, vale por 5 dias.

2-Salgados Congelados: Comum nas festinhas dos Brasileiros, tende a ser um negócio pleno se apostarem na qualidade das frituras e nos recheios, como diferencial sugiro um tamanho diferente do mercado para colocar você em outra categoria.

3-Batata Frita em Cone: Já vi algumas empresas que investiram nisso e o único produto é batata, fritam na hora, tipo pastel, porém com variedade de sabores, bacon, cheddar, pimenta, etc.

4-Saladas prontas: Em ascensão é um ótimo produto pra começar, é apenas preparo de saladas de diversas combinações para atender o desejo do público ou shopper por produtos mais personalizados e mais saudáveis.

CRIATIVANDO! Negócios Criativos Faturam Mais!

5-Queijo para churrasco no espeto: Nem preciso mencionar, se você está numa região onde tem leite em grande escala, aproveite e invista nesse produto, embalagens devem ser a vácuo, pode começar com uma etiqueta para não gastar muito no início, ótimo produto.

6-Pão de Alho Resfriado: Um churrasco sem o dito cujo não seria um churrasco decente, o pão de alho vende muito e tem ótimo valor agregado, pode começar em casa e não requer regulamentação, apenas licença sanitária.

7-Biscoito de Polvilho: Excelente negócio para todas as regiões do Brasil, existem grandes empresas que fazem apenas o biscoito de polvilho, requer um investimento inicial em máquinas para escalar a produção, ótimo giro.

8-Frango frito no balde: Produto antigo, porém tem muitas regiões do Brasil que nunca viram, excelente para ganhar um dinheiro rápido, teste um tempero e ponto da fritura, se vai empanado ou não, são pedaços de frango fritos suculentos em balde tipo pipoca.

CRIATIVANDO! Negócios Criativos Faturam Mais!

9-Casa de sucos naturais: Casas especializadas em sucos, se feito corretamente gera altas receitas com alto lucro, baixo investimento inicial e pode vender outros produtos saudáveis para acompanhar. Agrega-se valor quando fazem os sucos detox.

10-Salgados Gourmet Premium: Tenho visto empresas empreenderem com salgados grandes diferenciados, um recheio especial com catupiry ou até mesmo um camarão e caranguejo fazem maior sucesso, agrega-se muito valor, chegando a custar 4 a 5 vezes mais que o comum.

11-Pamonha Congelada: Bem os goianos que o digam, mas o sabor da pamonha pode ser exportado para todos os estados brasileiros até para o exterior, já vi funcionando, vai bem, se você domina a técnica de fazer pamonha experimente este tipo de negócio.

CRIATIVANDO! Negócios Criativos Faturam Mais!

12-Medalhão de mandioca no espeto: Espeto de mandioca envolto de bacon, assado fica excelente, frito também.

13-Pão caseiro: Se você faz o pão da vovó, caseirinho, pode tornar isso um negócio, ótima lucratividade, mas a receita tem que ser boa.

14-Churrasquinho Congelado: Ao invés de só assar seu churrasquinho que tal vender para fazerem em casa? Se domina um bom churrasco, pode investir nisso, ótima saída.

15-Comida fit pronta: Tendência Mundial: Está na moda e vende muito, invente suas receitas, teste, congele, descongele, ideal ser pronta, ou congelada que não perca o sabor. Tabela nutricional é importante aqui.

16-Alho em dente descascados: Simples e fácil, compre uma máquina de descascar alho, compre sacos, crie sua arte e etiqueta e comece a vender.

CRIATIVANDO! Negócios Criativos Faturam Mais!

17-Temperos em sachês: crie temperos ou molhos em sachês, investimento médio, se cair no gosto vende muito, pode fazer pimentas, molhos para saladas, etc.

18-Farofas saborizadas: Uma febre nacional, crie sua receita, farofa de farinha de mandioca torrada e saborizada, sugestões boas são apimentadas, com bacon, com cebola, com alho.

19-Hamburguers caseiros de carne ou frango congelados: Faça seu hamburguer caseiro preferência linha mais premium e comece a vender para lanches e restaurantes, aposte nos recheios e carnes selecionadas.

20-Carrinho de Vitaminadas: Tem carrinho de tudo hoje em dia, porque não um só de vitaminadas feitas há hora, aposte no guaraná, banana com mamão, abacatada entre outros.

21-Castanha de Caju Assada e Salgada: Se está em uma região rica em cajus, pode vender a castanha, ou até mesmo trazer de outros estados, sucesso em vendas, os brasileiros adoram castanha de caju.

22-Café torrado caseiro Premium: Vem crescendo a demanda por café premium para fazer em casa, já tem fábrica de embalagem

CRIATIVANDO! Negócios Criativos Faturam Mais!

fazendo pequenas tiragens para pequenos produtores. Da um google.

23-Carrinho de chás com biscoitos: Se você está em uma região fria, porque não um chazinho quente na hora, com biscoitos então, aproveite e venda os benefícios do chá pra saúde.

24-Queijaria Caseira: Pra quem sabe fazer nada como um delicioso queijo coalho, feito em casa, no sítio ou na fazenda, está cada vez maior a demanda por produtos caseiros e menos industrializados.

25-Pet Banho Domiciliar: Se está parado e não tem o que fazer, que tal montar algo para tratar dos bichinhos em sua própria casa? Atender em Domicilio é a chave.

26-Design de Sobrancelhas: A beleza está sempre em alta, esta é uma profissão consolidada, aprenda, treine e seja expert nesse assunto, dá pra faturar bem.

27-Agenciador de Aventuras: Se você mora em regiões de montanhas ou rios, pode criar seus passeios de aventura, Mergulho, trilhas, remo, bike, caminhada na selva, observação de pássaros, todas são todas ótimas atrações e fonte de renda, cobre por pessoa ou grupo.

28-Entretenimento para Cães – passeios temáticos: Tendência internacional, muitos locais tem parquinhos e passeios para cachorros, sugira aos donos passeios seguros e em locais diferentes para aliviar os estresses dos cães. Praças, bosques, rios, etc.

29-Creche Infantil: Se você é responsável e gosta de desafio, esta é uma ótima fonte de renda, seja criativo e ofereça diferencial, talvez como casinha na árvore, brincadeiras didáticas, entre outros.

CRIATIVANDO! Negócios Criativos Faturam Mais!

30-Frutas Selecionadas premium: Parece besteira mais não é, muitas empresas selecionam as maiores e melhores frutas e vendem como premium com valor bem alto, digamos que você tenha morangos, classifique os maiores e venda como premium, use a embalagem como fator de diferenciação.

31-Fatiados Frios: Tem gente ganhando rios de dinheiro com isso, simples, compre uma fatiadora, uma impressora térmica de etiquetas e comece a fatiar e vender, simples assim. Pra cativar os mercadinhos coloque o nome do mercado do seu cliente na etiqueta, tipo Mercadinho Marcos, Rende bons lucros.

32-Linguiça caseira: Se você domina isso, transforme em negócio, é uma ótima pedida, aposte em linguiças finas para churrasco, pode ser apimentada, saborizada, entre outros. Use embalagem a vácuo e capriche na etiqueta com dourado.

33-Filé de peixe congelado: Se mora em região de rios, aposte nos filés e venda como produto premium, agrega bastante valor, mas atenção à região, vender peixe de água salgada onde não se conhecem bem pode não ser um atrativo, pesquise.

34-Costela bovina no bafo: Monte seu restaurante só de costela, vai bem em muitas regiões.

35-Costelinha de porco congelada: Faça a costelinha pronta para assar, se possível porções para 2 e 4 pessoas, as vezes não encontramos nas feiras nem mercados, vai bem.

36-Banana chips fritas: Em alguns lugares conhecidas como bananas da terra, outros como pacovan, todas servem para fritar, ótimo para vender em pacotinhos de 50g.

CRIATIVANDO! Negócios Criativos Faturam Mais!

37-Batata doce chips: Uma opção saudável para quem não quer engordar tanto, mas quer comer uns chips de vez em quando, está em alta este produto.

38-Hotdogão gigante: Exagere no pão e na salsicha, dogão vende bastante, aposte em molhos diferenciados e num carrinho especial para chamar atenção.

39-Calabresa defumada: Dependendo da região vende em enormes quantidades, mas requer algumas máquinas para produção, requer licenças especiais, pesquise.

40-Charque: Charque é usado em todo Brasil, excelentes vendas, procure um fornecedor que possa passar a revenda para você fatiar e embalar em pacotes menores.

41-Carnes Temperadas para Churrasco: Parece bobeira, mas muita gente não sabe nem temperar nem cortar as carnes, se você é bom no churrasco, tente emplacar essa ideia.

42-Espetaria gourmet: Já montei negócio semelhante para um amigo foi um sucesso, aposte em instalações amadeiradas, com modernidade, alta lucratividade.

43-Casa de tapioquinha: Já existem algumas, porém o mercado é grande, aposte em uma receita sua e materiais de alta qualidade, associe a um ótimo café e vai ser sucesso.

44-Casa de saladas: Cresce a demanda por comida saudável, que tal montar uma casa especializada em saladas, pouco carbo e muito verde.

45-Alho pasta especial: Pasta de alho costuma ser muita água e pouco alho, muito conservante, se você domina a arte de cozinhar

CRIATIVANDO! Negócios Criativos Faturam Mais!

que tal desenvolver uma pasta caseira e diferenciada? Alho vende muito.

46-Pizza em rolo: Fazer uma pizza estilo rocambole pode parecer estranho, mas é um diferencial, já vi em alguns lugares e funciona bem.

47-Minipizza com massa caseira: O segredo da pizza é a massa, quer fazer sucesso use ovos caipiras e desenvolva massas especiais caseiras e sabores diferenciados. Vende bem.

48-Pãozinho Caseiro mini: Dependendo da região pode fazer o pãozinho caseiro, agrega valor, e você pode vender para seus amigos até aprovarem a receita, aposte, pois, vende bem.

49-Bolo de rolo: É bem inovador, se você souber combinar as receitas com embalagens diferenciadas pode fazer o maior sucesso.

50-Bolinho de aniversário – mini: Imagine mini aniversários, para empresas, escolas, escritórios, a pessoa resolve fazer uma surpresa e você tem o bolinho certo, em tamanho menor e fácil de carregar.

Essas primeiras 50 ideias fiz comentários, agora é sua vez de exercitar a criatividade e marcar na frente de cada uma dessas outras 50 ideias o que você faria de diferente, ou como você pegaria essa ideia e transformaria em um negócio, pensa em algo criativo que não viu por aí ainda, vale pegar de um setor alguma ideia legal e levar para outro. Aqui você pode errar, pode ser louco e absurdo, importante é exercitar.

51-Pet Aniversário

CRIATIVANDO! Negócios Criativos Faturam Mais!

52-Drone Mapeamento

53-Drone Monitoramento

54-Drone Reportagens e Eventos

55-Carrinho Chocolateiro

56-Barraca da Panqueca

CRIATIVANDO! Negócios Criativos Faturam Mais!

57-Tortas especiais

58-Bolo de pote

59-Salada de Pote

60-Pães multigrãos

CRIATIVANDO! Negócios Criativos Faturam Mais!

61-Pastel de Belém

62-Bombons Especiais

63-Churros

64-Canudinhos recheados para festas

65-Carrinho de açaí com misturas

CRIATIVANDO! Negócios Criativos Faturam Mais!

66-Goma de tapioca a vácuo

67-Gelo caseiro

68-Caldinho de feijão individual

69-Massas para pizza resfriadas

70-Cerveja Artesanal

CRIATIVANDO! Negócios Criativos Faturam Mais!

71-Mel composto

72-Bolinho de Bacalhau

73-Pastel de Angu

74-Frutas Congeladas

CRIATIVANDO! Negócios Criativos Faturam Mais!

75-Pão Francês Congelado

76-Chocolate em pó para Receitas

77-Mix de Granolas

78-Mix de Aveias (fina, grossa, flocos, especiais, integrais)

79-Comida Natural para cachorros

CRIATIVANDO! Negócios Criativos Faturam Mais!

80-Comida Natural para Gatos

81-Vedador de Porta contra insetos

82-Pata de Caranguejo congelado

83-Lasanha Congelada

CRIATIVANDO! Negócios Criativos Faturam Mais!

84-Portaria Remota 24horas

85-Secretária Virtual

86-Escritório Compartilhado

87-Embelezamento de veículos

88-Jardineiro Especial

CRIATIVANDO! Negócios Criativos Faturam Mais!

89-Florista

90-Grafiteiro Comercial

91-Pintor Quartos Criança

92-Criador de Casinhas Infantis

CRIATIVANDO! Negócios Criativos Faturam Mais!

93-Organizador de Quintal

94-Planejador de Carreira

95-Consultor de Marketing

96-Consultor de Escolas para Alunos Especiais

97-Consultor de acessibilidade e mobilidade

CRIATIVANDO! Negócios Criativos Faturam Mais!

98-Consultor de Tecnologias e redes sociais

99-Pesquisador de Públicos Alvos para lojas de nicho

100-chás emagrecedores

Essas são algumas das milhares de ideias que me vem à mente, mas ideia no papel, de nada serve, a ideia boa é a ideia colocada em prática, minha cabeça ferve de ideias, mas lembre-se de sempre empregar um diferencial e sempre testar a ideia ou receita, pois de nada adianta eu fazer um parafuso e querer usar como prego, cada regra, ideia ou produto ou serviço devem ser testadas. A maioria dessas ideias eu vi funcionando ou vi algo semelhante funcionando, portanto, nada há de espetacular, apenas coisas que vi, que podem ser melhoradas e implementadas. Lembre-se de não tentar reinventar a roda, aproveite o que já rola do no mundo e adapte.

O QUE PRECISO PARA INICIAR MEU NEGÓCIO

Em resumo, o que você precisa é querer e fazer, para criar um negócio, você pode começar com 10,00 reais, vai numa feira compra R$ 10 reais de verduras ou frutas e revende em domicílio por R$ 15,00, aqui já seriam 50% de margem bruta de lucro, e isso é possível com qualquer tipo de produto ou serviço, você pode montar qualquer tipo de negócio se souber comercializá-lo ou negociá-lo, mesmo que seu preço esteja alto, sempre tem alguém disposto a pagar um pouco a mais para não sair da comodidade do seu lar, então se você possui pouco dinheiro, descubra as necessidades dos clientes à sua volta, resolva problemas, crie soluções, facilite a vida de alguém, e logo você estará ganhando bem para isso.

Passos Iniciais para Alavancar uma ideia - Não faça plano de negócios

Apenas decida o que quer fazer e testa, somente testando você vai saber se vale a pena botar para frente a ideia e fazer todos os investimentos necessários para tirar uma empresa do papel, abrir formalmente um negócio leva tempo e dinheiro, Contador, CNPJ, alvará, licenças, dentre outras coisas importantes, então antes de gastar, testa... e se você não tem dinheiro melhor ainda, tenha uma meta, um propósito com objetivos bem claros, se não sabe vai fazendo e modificando ao longo do caminho, ninguém nasce pronto. Não tenha nenhum medo de falhar, isso só prova que você é humano.

CRIATIVANDO! Negócios Criativos Faturam Mais!

Pesquise | Conheça

Pesquise seu público, para quem quer vender, defina isso para que lá na frente não tenha lidar com pessoas que não tem o seu perfil, geralmente bom é vender para pessoas parecidas com a gente, se você gosta de flores, faça vendas para quem gosta de flores, dificilmente você fica fazendo algo que não gosta só por causa do dinheiro. Conheça o produto ou serviço que vai oferecer, mas conheça muito, se possível viaje, para outras cidades, estados ou países, para ver como é aquele produto em outro local, mas lembre-se

CRIATIVANDO! Negócios Criativos Faturam Mais!

da regionalidade brasileira, nem tudo que funciona num local, vai funcionar em outro, testa!

DEFININDO TIPO DE NEGÓCIO

Existem algumas diferenças, você pode vender tanto no varejo quanto no atacado, ser uma indústria ou uma empresa de serviços, tem que definir em qual ramo vai atuar, direto para outras empresas, direto para o consumidor, direto para Produtores de Bens de consumo e escolha o ramo de atividade pelo que você já conhece, e se tiver verba disponível pode começar pelo que gosta colocando pessoas experientes pra trabalhar junto de você ou crie algo que você domine, montar algo que você não conhece ou nunca teve contato vai deixar você com grande curva de aprendizado, o sucesso pode demorar um pouco mais, mas não quer dizer que não seja possível.

ALGUMAS ATIVIDADES MAIS COMUNS

Serviços: alimentação, transporte, turismo, educação, lazer, saúde, impressão, reparos, construção, sinalização.

Indústria: gráficas, calçados, vestuário, carros, mobiliário, metalurgia, mecânica,

Comércio: veículos, tecidos, roupas, acessórios, joias, combustíveis, calçados, peças, máquinas,

Negócios Digitais: treinamentos, e-commerces, sites, blogs, marketplace, leilão, influência digital, streaming.

CRIATIVANDO! Negócios Criativos Faturam Mais!

NOVAS TECNOLOGIAS – NOVOS NEGÓCIOS

Com o advindo da tecnologia novas profissões surgem a cada dia, e junto com elas surgem novas oportunidades de negócios, quem diria que agora existe a profissão de jogador de videogame profissional, ou também o técnico em máquinas de estacionamento, ou até mesmo o técnico de portaria eletrônica, sim muitas empresas já não tem o porteiro, a tecnologia substituiu muita gente, portanto é uma grande oportunidade montar empresas de manutenção em tecnologias, seja para consertar um celular ou um vídeo porteiro, ou você mesmo pode criar uma demanda baseada em uma necessidade, por exemplo, mapear fazendas com drone, analista de SEO, Trader, Advogado para Direito Eletrônico, gestor de mídias sociais, analista de tráfego, entre outras milhares de oportunidades de empreender.

Achei muito legal quando fui a um coworking em São Paulo, não falei com ninguém, reservei a sala de reunião, chegando lá, pela minha biometria cadastrada no APP do meu celular, acessei a porta, fiz a reunião, tinha café disponível, e depois ainda tive acesso ao vídeo da reunião realizada com excelente captação em vários ângulos, o mesmo aconteceu na locação do carro compartilhado, você pega o carro e aluga somente por algumas horas, não fala com nenhum humano tudo automático no app, portanto use sua cabeça e mergulhe no mundo de oportunidades comerciais existentes por todo o mundo.

MERCADO ALVO

Onde você quer vender, geograficamente, no seu bairro, na sua cidade, no seu estado, na sua região, no brasil. Mas lembre-se, mercado alvo não tem nada a ver com público alvo e público alvo

CRIATIVANDO! Negócios Criativos Faturam Mais!

não tem nada a ver com persona ou shopper, falaremos sobre isso em breve. Definir o mercado ajuda a você planejar, antes definir regiões mais amplas, verifique as condições de transporte e valores de fretes caso venda um produto físico, se for um produto digital, é só começar e vender para todo Brasil.

OBSERVE

Olhe comércios ou empresas que forneçam a mesma coisa que você deseja fazer, busque informações, consuma o produto se possível, ou leve alguém pra utilizar em 3 a 6 locais diferentes, um exemplo caso seja um produto feminino ou serviço e você seja do sexo masculino ou oposto, na observação, anote, escreva, tempo de duração, como foi recebido, tempo de espera, como se portavam atendentes, quantos eram necessário, a fachada, as cores, as combinações, o cheiro, a acústica, o espaço de circulação, se estava lotado, faça perguntas, o que move o mundo são as perguntas, não as respostas.

DEFINA SEU PONTO DE VISTA

O que você achou após a observação? É realmente aquilo que você pretende fazer? Nesta etapa você deve analisar todos os parâmetros para ter noção real da situação, ideal seria compartilhar com pessoas com bastante experiências e com outras que são iniciantes, lembrese exponha sua ideia, ninguém rouba ideia de ninguém, ideia sem ação é inútil, portanto não tenha medo de dizer o que deseja fazer, mas afaste-se de pessoas pessimistas, e não pergunte sobre empresa de quem não tem uma empresa.

IDEALIZE

CRIATIVANDO! Negócios Criativos Faturam Mais!

Nós designers gostamos muito de idealizar no papel, e pouco de agir na prática, se as condições permitirem, contrate um designer, se não permitirem, faça amizade com um, aliás, tenha sempre um amigo designer, um arquiteto, um engenheiro e um advogado, Contador é melhor você pagar mesmo. Se puder contar com a ajuda desses amigos, coloque no papel, desenhe rabisque, mas lembre-se que as coisas na prática nem sempre funcionam, esteja aberto a mudanças posteriores e seja sempre flexível.

TENTE FAZER UM MODELO TESTE

Se você vai fazer um negócio que já existe no mercado, como por exemplo uma padaria, ou uma frutaria, ou uma loja de roupas, esses já são modelos testados, então o que você tem que fazer é testar, achar fornecedores, achar um local de funcionamento, verificar as licenças necessárias, entre outras coisas, agora se você está fazendo algo inusitado, como por exemplo pizza de rolo assada de forno, que é uma novidade, teste na sua região, faça os sabores, distribua na comunidade, preferência à estranhos, e não diga que você que faz, diga que você trabalha nesta empresa que estão testando um novo produto, as pessoas tendem a mentir para agradar quando dizemos que estamos fazendo algo, para conseguir respostas sinceras, pergunte a desconhecidos e veja o que eles acham, se você testou o produto com 30 pessoas, e dessas 30 apenas 9 gostaram é melhor rever a receita ou produto se caso não for comida, pois é uma taxa alta de rejeição, lembre-se de testar de acordo com o público, lembrome de um cliente que fez uma banana chips de alta qualidade e foi vender na periferia, não vendeu um pacote se quer, pois na periferia os ambulantes praticavam R$ 2,00 por pacote, enquanto ela praticava R$ 5,00 por pacote, não que a periferia seja ruim, mas você tem que adequar o produto à realidade do consumidor, se você vende açúcar, e quer dar maior valor agregado, você precisa provar seu diferencial, na embalagem, na exposição, nas características do produto, agora se ele é apenas um açúcar comum, o que vou usar para convencer o cliente a pagar mais caro no meu? Se você vende uma peça ou ferramenta, lembre-se que as pessoas já tem marcas de sua confiança, então esteja preparado para competir com grandes jogadores.

DIFERENCIAL COMPETITIVO

Tem surgido milhares de opções de novos negócios, e você pode também criar seu produto autoral, como um curso, uma técnica, um produto único, uma peça, uma ferramenta, lembre-se de patentear a ideia, para que ela não seja copiada em sua originalidade, por exemplo esses dias vi um vídeo de um empreendedor que fez uma churrasqueira em que a grelha era dupla, e você poderia virar a carne toda de uma única vez, isso é uma novidade, um diferencial, mas sempre faça as perguntas, com as perguntas certas você consegue uma boa definição se algo que você está fazendo é bom ou ruim, no exemplo da churrasqueira, será que quente é fácil de manusear? Como tem duas chapas perdendo a carne, vai assar bem? O consumidor quer esta inovação ou prefere manter a tradição? O preço é justo para tal inovação? Eu consigo escalar o projeto para produzir em larga escala? É fácil manusear com a churrasqueira quente? Tem material disponível a preço acessível para fabricação?

Com essas perguntas chaves, você começa a entender se vale a pena ou não investir nesse projeto e tente sempre ter um diferencial no seu negócio, de negócios comuns o mundo está cheio, crie algo inusitado, único, com sua cara, com seu jeito, que seja original, quanto mais original, mais valor você agrega.

ENTENDENDO O MERCADO

CRIATIVANDO! Negócios Criativos Faturam Mais!

O mundo parte para a era digital, e vejo a correria para as redes, muitos pensam que para fazer sucesso na rede, alguns conseguem facilmente, mas não é tão simples assim, o mercado físico vai continuar a existir, as lojas não vão fechar, o comércio de rua não vai acabar, uma tendência que se percebe é a necessidade de mais contato humano, mesmo na era digital e dos grandes shoppings centers percebe-se que o consumidor quer de volta aquela quitanda da esquina, a padaria, o mercadinho, o empório, onde ele conhece o dono, fala com padeiro, conhece o açougueiro, Segundo pesquisas os shoppings estão em retração em alguns países, e essa tendência tende a se espalhar pelo globo. Algumas gigantes brasileiras estão diminuindo o tamanho de suas lojas, pois os negócios estão mudando, segundo pesquisas 716.000 empresas fecharam na pandemia de 2020, e olha que curioso, algumas cresceram assustadoramente, sorte? Preparo?

O MERCADO DIGITAL

Estar preparado é um bom sinal para quando a crise chegar, ela sempre vem, mas sempre vai embora, os que ficam são os preparados, talvez 2020 tenha sido a pior crise mundial em relação ao financeiro, pois obrigou todos a pararem, gigantes bilionários reduzidos a pó, como a AIRBNB, LATAM, CIRQUE DU SOLEIL, estão entre alguns que sofrerão na crise, e enquanto isso em uma outra ponta, enquanto RICARDO ELETRO entrou em recuperação judicial algumas cresceram, como MAGAZINE LUIZA, para esta pandemia, talvez nenhum negócio estivesse preparado, mas uma coisa é certa, quem investia em tecnologia desde sempre e em meios digitais saiu na frente.

A era digital chegou pra ficar sem dúvida, se me perguntar quando você deveria ter um site, se ainda não tem, a resposta mais lógica que posso te dar é à 10 anos, como estamos em 2020 e a

CRIATIVANDO! Negócios Criativos Faturam Mais!

pandemia da Covid19 se espalhou muitos empresários foram pegos de surpresa, acho que muitos amargaram por não estarem preparados para agir digitalmente, esteja sempre de olhos abertos pra mudanças e tendências e não descarte nenhuma informação, use o mundo digital se não para vender pelo menos para aparecer, criar um anúncio digital hoje é como fazer um panfleto antigamente, e você lendo e pensando, mas eu ainda faço panfleto, nada contra, mas imagine que no Brasil em 2020 temos algo em torno de 200 milhões de aparelhos de telefone celular, então com certeza, fazer um panfleto digital e impulsioná-lo automaticamente aumentam suas chances de sucesso.

Neste ano que escrevo este livro muitas famílias perderam seus empregos e entes queridos, trago essas ideias como talvez uma ajuda para essas famílias para se reinventarem, lembro-me de histórias como KODAK, que dizem a lendas não quis investir em tecnologias digitais, resultado, faliu. Também podemos comparar Vaio e Apple, um continuou só em computadores, outro como a APPLE resolveu apostar nos smartphones, e a Apple alcançou nesta semana (ago/2020) a marca de US$ 1,88 trilhão de valor de mercado. O valor supera o PIB brasileiro de 2019, que chegou a US$ 1,84 trilhão, segundo dados do Banco Mundial.

CRIATIVANDO! Negócios Criativos Faturam Mais!

NEGÓCIOS LOCAIS

LOJAS MENORES E MAIS COMPACTAS SERÃO TENDÊNCIA MUNDIAL, VEJA JÁ TEM GRANDES REDES DIMINUINDO SUAS LOJAS MARISA, CARREFOUR MAGAZINE LUIZA...

CRIATIVANDO! Negócios Criativos Faturam Mais!

EMPREENDER DIGITALMENTE

Há ainda as pessoas que querem empreender digitalmente, mas não fazem ideia de como começar, tem tanto conteúdo, cursos e treinamentos, mas a maioria não leva a lugar nenhum e você acaba voltando à estaca zero, muitos info Produtores digitais prometendo fortunas a quem comprar seus produtos, realmente funciona? Sim! Mas depende da aplicação, tudo se resume na entrega, você tem que ter algo bom para oferecer, tanto no mundo físico quanto no mundo virtual, se você se compromete a fazer algo tem que ser algo que encante, pelo menos os fãs da sua marca, pois de nada adianta saber dominar a tecnologia e não saber entregar um produto de alto valor, uma grande experiência para seu cliente.

VIABILDIDADE DIGITAL

Como saber se seu produto é viável para venda na internet, simples, verifique as dimensões e pesos, a concorrência, preços de fretes para seu produto, pesquise ele na internet e veja se alguém já vende algo similar, caso não, você pode ser o pioneiro, mas se seu produto é facilmente encontrado em qualquer loja, e ele não está em sites na rede pode ser um problema, porém tem muitos supermercados, hortifrutis, padarias e afins que já estão disponibilizando a venda online com entregas no bairro onde fica a empresa, isso ajuda o consumidor que é mais antenado nos meios digitais a ter algo em casa sem ter que se locomover. Pense nisso.

Verifique a cadeia fiscal, se pode ser transportado, se seu produto pesa mais de 10kg ou tem mais de 1metro de comprimento começam as complicações de logística, porém nada é impossível, eu mesmo já comprei um teto inteiro de um carro pela internet, comprei computadores, telefones, entre outras coisas, mas talvez a mais esquisita tenha sido o teto, ninguém acreditou, porém deu certo, dependendo da região que você estiver localizado, pode ser muito fácil ou muito difícil a logística, mas nada é impossível.

VAMOS FALAR DE BUROCRACIA – Abrindo um CNPJ

Os principais tipos de CNPJ existentes são os listados abaixo, vou explicar de forma simples que você possa entender cada um na perspectiva de uma pessoa comum:
Sociedade Empresária Limitada (LTDA)

Pode ter vários sócios, e é uma das mais utilizadas, mas lembrese que nesse tipo, você não pode tomar decisões sozinho apenas em concordância de todos os sócios, a não ser que esteja registrado no contrato.

MEI – MICRO EMPREENDEDOR INDIVIDUAL

Nova paixão dos brasileiros, o MEI veio para regularizar os micros negócios, é simples e fácil e você tecnicamente não precisa de um Contador, mas há limite de faturamento máximo. As empresas qualificadas como MEI recolhem tributação por meio do Simples Nacional, no entanto, pode-se dizer que o regime tributário MEI é um pouco diferente do Simples Nacional, já que as MEIs são isentas de tributos fiscais federais (Imposto de Renda, PIS, COFINS, IPI e CSLL). Mas atenção, o faturamento máximo é R$ 81.000,00 anual, ou seja, R$ 6.750,00 mensais.

EMPRESA INDIVIDUAL

Nessa categoria, o sócio é apenas o próprio empresário que exerce a função, e o nome empresarial é o próprio nome do Empresário ao contrário do MEI, o Empresário Individual tem um faturamento anual máximo muito maior, podendo chegar até a R$ 360 mil sendo considerado ME (Microempresa) ou até R$ 4,8 milhões sendo EPP (Empresa de Pequeno Porte), isso se enquadrando no regime do Simples Nacional. Mas atenção, em caso de falência, os bens pessoais do empresário mesmo que adquiridos antes, entram no processo judicial para pagamento de dívidas.

EMPRESA INDIVIDUAL DE RESPONSABILIDADE LTDA - EIRELI

Este é um formato empresarial que pode ser constituído por apenas um sócio. Para abrir uma Eireli, é preciso declarar um capital social de, no mínimo, 100 salários mínimos atuais. O empresário não tem seu patrimônio pessoal afetado por dívidas da empresa.

Sociedade Anônima (SA)

Sociedade anônima geralmente é usado por empresas maiores, que podem ter sócios e acionistas é um modelo de companhia com fins lucrativos, caracterizada por ter o seu capital financeiro dividido por ações. Os donos das ações são chamados de acionistas e, neste caso, a empresa deve ter sempre dois ou mais acionistas.

As sociedades anônimas podem ser divididas em dois tipos: Capital aberto (quando seus valores mobiliários podem ser negociados no mercado de valores - bolsa de valores ou mercado de balcão) e; Capital fechado (seus valores mobiliários não passam por negociações na bolsa ou no mercado de balcão).

LOCALIZAÇÃO DE UM NEGÓCIO

CRIATIVANDO! Negócios Criativos Faturam Mais!

Se você não pensa em abrir seu negócio em casa, o mais importante é escolher o local de atividade, dependendo da cidade que você reside há algumas restrições de atividades por zonas, para não acontecer de quando você estiver com tudo pronto o CNPJ seja indeferido, verifique com um Contador ou na própria prefeitura da cidade as restrições de atividades por zona, as vezes a rua que você deseja não permite o tipo de comércio que você quer abrir.

Verifique condições de estacionamentos, e facilidade de chegada ao local, já vi muitos negócios fracassarem por estarem em regiões extremamente movimentadas porém devido à ausência de estacionamentos, excesso de trânsito, ou por fluxo muito rápido de veículos porém sem possibilidade de parada, observe a rua e os comércios em volta, se tem fluxo de pedestres que seu negócio precisa. Se caso você trabalha com serviços ou representação de algum tipo, mais importante que o fluxo é ter onde o cliente estacionar e acessar tranquilamente sua empresa, existem ainda negócios que precisam de espaços mais nobres, por exemplo, se você vende vestidos de festas e casamentos, vai precisar ter vagas disponíveis para este exigente público.

Lembre-se das exigências normativas: Licença Bombeiros, Alvará de Funcionamento, Licença Ambiental se houver necessidade, Anvisa e DVISA, Licença MAPA, SIF, SIM, SIE, IBAMA, entre diversos outros órgãos.

INSTALAÇÕES OBRIGATÓRIAS

Dependendo do Ramo de atividade desejado, você pode precisar de instalações especiais, por exemplo, se você vai montar uma clínica médica, existem uns pré-requisitos que devem ser cumpridos, como lixeira especial para contaminantes, sacos com símbolo infectante para descarte correto de lixo considerado hospitalar, se você vai abrir

CRIATIVANDO! Negócios Criativos Faturam Mais!

uma padaria é necessário licença dos Órgãos sanitários, se você vai vender madeiras, precisa de licenças do IBAMA, se você vai comercializar carnes precisa do SIE – Selo de Inspeção Estadual, se vai comercializar produtos agrícolas precisa do MAPA – Ministério da Agricultura Pecuária e Alimentos. E assim por diante, algumas instalações requerem um manuseio ordenado, por exemplo: se você vai manipular alimentos, necessita de uma sequência produtiva, que inicia com a chegada das matérias-primas brutas, acondicionamento, processamento, envase, descarte correto dos resíduos, e distribuição dos produtos, não podem se encontrar essas áreas, uma vez passada uma etapa o processo deve seguir uma linha produtiva controlada e sequencial.

Portanto se você vai fazer algo bem específico, como abater aves, manipular carnes, criar peixes ou animais, fazer utensílios de madeira ou montar alguma empresa de produtos químicos o ideal é ter um Responsável Técnico (RT), tem muitos no mercado que podem te auxiliar, sozinho provavelmente você vai passar anos para executar a mesma operação, e prepare os bolsos, negócios como estes exigem licenças especiais e um grande investimento em estruturas.

ALGUNS TIPOS DE LICENÇAS

Licença ambiental:
Emissão é feita pelos órgãos Municipais e Estaduais de meio ambiente e no IBAMA. Geralmente é exigida de empresas que exercem atividade industrial, metalúrgica, mecânica, têxtil, química, de calçados, atividade agropecuárias.

Licença sanitária:

CRIATIVANDO! Negócios Criativos Faturam Mais!

Emissão é feita pelos órgãos Municipais, Estaduais e Federais de vigilância sanitária. É exigida principalmente de empresas que atuam no setor de alimentação, medicamentos e cosméticos.

Licença de Instalações Prediais
Vistoria de cumprimento das normas de segurança: É realizada pelo Corpo de Bombeiros e praticamente todas as empresas estão sujeitas.

Além das inscrições e licenças municipais e estaduais, algumas atividades exigem a inscrição em órgãos federais, como o ministério do turismo, ministério da agricultura, pecuária e abastecimento, polícia federal, entre outros.

DEFININDO O NOME PARA O NEGÓCIO

Muitos empresários, inclusive eu, tendem a querer um nome que lhes parece óbvio e inédito, já vi de tudo nesse mundo, inclusive na cidade onde residi por 20 anos, por ser forte a regionalidade o que se vê é um excesso de derivativos do nome da cidade, e não é falta de criatividade é apenas para fortificar a regionalidade presente, então temos Manausisso, Manausaquilo, Amazonisso, Amazonaquilo, se eu for mencionar eu teria umas 100 empresas com esse derivativo, o que não é errado, temos a gigante do mundo digital usando Amazon. Tente escolher um nome que seja fácil de memorizar e pronunciar, KODAK por exemplo, tem a mesma pronúncia em diversas línguas, o que facilita a compreensão em diversos países e fortifica a marca, eu mesmo tive problemas ao escolher o nome da minha empresa, ficamos sempre buscando algo inédito, o que raramente é possível nos dias de hoje, inicialmente minha empresa se chamava BRANDPACK EMBALAGENS, mas devido a grande dificuldade dos clientes em pronunciarem fiz a alteração para BRAND EMBALAGENS, mesmo assim há quem se complique, como você

CRIATIVANDO! Negócios Criativos Faturam Mais!

pronunciaria Wakusese? Esta é uma tradicional empresa manauara, e sempre vejo pessoas não querendo falar por erro de errar, como temos também a mania de americanizar tudo, como eu por exemplo que botei Brand Embalagens, muitos optam por nomes em inglês, John Dhere Tratores, o que dificulta quando o público tem baixa escolaridade, cuidado também para não escolher um nome que não funcionaria em outro país, por exemplo, vi uma empresa Indiana que se chamava KAGADA, se fosse no Brasil, com certeza você não a contrataria, uma que faz sucesso é marca de caminhões CHANA, mas com tom de piada, outras nem tanto.

Não necessariamente tem que ter haver com o negócio o nome, porém deve ser de fácil compreensão, pois facilita a memorização pelo seu cliente. Marcas com nomes complexos fazem você gastar mais para fixar na mente do cliente. E não escolha nada que pareça ser ofensivo, veja alguns produtos estranhos que existem por aí,

funciona para alguns sim, para outros não.

CRIANDO SUA MARCA

A marca é a parte mais importante do negócio, mais importante que o produto ou o próprio criador, é com ela que você vai ser reconhecido, seja com honras ou não, algumas marcas, valem mais que todo o patrimônio físico tangível de toda empresa, digamos que a marca seja um produto intangível, e o processo de branding (gestão da marca) é tão importante quanto a gestão da empresa em si, como você pode estar em início de carreira pode pensar em fazer sua marca com aquele sobrinho, ou com o rapaz da gráfica rápida da esquina,

CRIATIVANDO! Negócios Criativos Faturam Mais!

em quesito de criação da marca e da identidade da empresa, não poupe esforços para fazer o melhor possível vou listar abaixo alguns símbolos, que tenho certeza que mesmo sem o nome você vai conseguir identificar:

Provavelmente conseguiu identificar mais da metade, isso porquê essas marcas construíram uma história em torno de seus símbolos o que faz com que mesmo sozinhas elas conseguem representar suas empresas, mesmo sem ter um nome ali para exemplificar.

Existem alguns tipos de marcas que você pode criar que são passíveis de registro:

Marca nominativa (apenas o nome, como Sony, Avon),
Marca figurativa (apenas a logo, como a maçã da Apple)
Marca mista (junção do símbolo e nome da marca)
Marca tridimensional - marca de uma forma ou formato (como garrafa da Coca-Cola)

CRIATIVANDO! Negócios Criativos Faturam Mais!

Você pode registrar tanto a forma quanto a função de uma determinada embalagem ou produto físico ou técnica, caso você seja o criador do modelo, e conseguir comprovar isso.

ONDE REGISTRO UMA MARCA?

Para registrar sua marca, acesse: https://www.gov.br/inpi/ptbr/servicos/marcas

Lá existe um manual mais o processo não é tão simples, ideal você buscar ajuda de um escritório de marcas e patentes, mas caso queira fazer, qualquer cidadão pode fazer, porém se houver uma recusa, por sua marca parecer com outra ou já estar registrada, precisará fazer uma defesa, e neste caso, um escritório de marcas e patentes é o mais indicado para isso.

Invista em sua marca, ela é a sua identidade corporativa, lembre-se de fazer a empresa para ser vendida, se um negócio não pode ser vendido, ele não é um bom negócio.

FACHADA E INSTALAÇÕES

Muitos costumam não dar atenção devida para fachada, uma fachada bem planejada, limpa, alinhada com os padrões da empresa trazem alguns benefícios que são inconscientes, um funcionário que trabalha em uma empresa suja, costuma ser sujo, pois é o que ele vivencia, se a parede da empresa está sempre manchada, não há uma iluminação adequada, existem interruptores ou fiação exposta, demonstra a falta de cuidado do proprietário e transmite adiante a mensagem, se não há organização não pode ser cobrada organização, e as vezes o detalhe é tão simples, fácil de resolver, por exemplo, se você tem uma empresa de alimentos que atende o público a limpeza deve ser impecável, os uniformes dos funcionários devem estar limpos e adequados, transmite ao cliente a sensação de limpeza e organização, transmite confiança, e com certeza o cliente voltará ali se a comida for boa e o atendimento eficiente, mas por outro lado, se seu garçom mantém aparência de descuido e desleixo, passa a mensagem que o estabelecimento também é, e se por um

acaso o banheiro ou cantos das paredes possuem sujeiras, vidros com manchas, demonstra a falta de compromisso da empresa com higiene, se a empresa não se preocupa com a estrutura o cliente acha que com a cozinha vai ser o mesmo caso. Conheço borracharias que são mais limpas que alguns restaurantes e indústrias mais bem cuidadas que hospitais. Capriche em todos os detalhes, eles são fundamentais para alcançar o sucesso. Tenha em mente a movimentação de materiais, dos funcionários, dos clientes, teste se possível as etapas do processo.

Em uma pesquisa sobre qualidade de estabelecimentos comerciais, uma das grandes reclamações foram: banheiros sujos, atendimento e qualidade do ambiente, note que o preço nem aparece nas primeiras questões, ou seja, você faz barato para que venda mais, e acaba não vendendo e acumulando prejuízos, quando na verdade deveria era melhorar o serviço e instalações.

CRIATIVANDO! Negócios Criativos Faturam Mais!

Não importa se é uma barraca de feira, ou um grande negócio, a organização visual atrai olhares, desejos, e aumenta significativamente o número de vendas e relação com o negócio bem como o valor agregado que você pode cobrar.

Agora se você disponibilizar de verbas iniciais pode fazer uma fachada criativa, que vai dar identidade à sua empresa que ficará na história de crianças, jovens e adultos, vira referência de rua, tipo "vira depois daquela loja bonita da esquina" ou algo do tipo, personifica sua identidade comercial.

MANUAL DE IDENTIDADE VISUAL

Muitos empresários que começam do jeito que podem, quando crescem ignoram totalmente um manual de comunicação adequado, que pode transmitir a mensagem mais clara da sua marca bem como estabelecer as regras com as quais sua empresa se comunica, o manual de identidade serve para ditar as regras com que devem aplicar sua marca, sobre quais

circunstância, diz também como aplicar a marca em uniformes e crachás, bem como comunicação interna da empresa, é um item muito importante que deve ser considerado, porém se o seu sobrinho fez a marca, dificilmente você vai receber um desses, abaixo fotos de um manual adequado de identidade visual:

UTILIDADE DO MANUAL DA MARCA

Este é o manual de aplicação da marca e das regras de comunicação da sua empresa, se estamos falando de uma empresa de 2 ou 3 pessoas, talvez ele não seja necessário, mas se estamos falando de uma empresa que pretende fornecer serviços ou produtos para um grande empresa, já é outra história, o manual vai mostrar que mesmo sendo pequeno você tem força, tem organização e tem potencial, pois poucas empresas pequenas se preocupam com isso, então ter um processo de comunicação da marca organizado pode fazer toda a diferença, pense nisso.

HORA DE COMEÇAR

Para começar qualquer negócio, a primeira coisa é decidir preço dos produtos ou serviços, fornecedores, área de atuação, nichos, modalidade de vendas, canal de vendas, tipos de parcelamentos, bandeiras escolhidas para cartão de credito, entre outros, na próxima etapa vamos dividir em comércio, serviços, serviços digitais que vejo como uma nova categoria.

Para produtos, podemos considerar que entrega algo físico, seja venda presencial ou online, então vamos separar produtos vendas físicas, produtos vendas online, ou produtos com ambos tipos de vendas.

CRIATIVANDO! Negócios Criativos Faturam Mais!

CONTRATANDO COLABORADORES DO TIME

Lembre-se desta etapa como a mais importante, pode ser que você fique o resto da vida feliz e lucrando ou com dores de cabeça, parte central de negócios, sempre contrate lento e demita rápido, pois essa pode ser a diferença entre ter um time de sucesso ou patinar no mesmo local, gosto muito do gráfico ao lado, ele mostra que devemos sempre valorizar mais o caráter e atitude positiva de uma pessoa que o seu lado técnico, tecnicamente a pessoa pode ser excelente, mas não consegue se relacionar com cliente nem com outros colegas de trabalho, isso faria ela atrasar a empresa, ou as vezes o caráter não é bom, ambas as coisas tornam difícil algumas situações vivenciadas no dia a dia de um negócio, essa matriz funciona da seguinte forma, se um colaborador é bom emocionalmente e tem atitude e caráter, mas é baixo no nível técnico ele pode ser treinado e melhorado, e seguir as etapas da matriz para se capacitar e evoluir no seu lado técnico, agora se ele atinge nota baixa em caráter ou atitude, mesmo que tenha alta competência técnica não vale o investimento da empresa, é como aquele funcionário que fala mal da empresa, um exemplo clássico, é uma pessoa que está no mesmo barco, mas remando ao contrário do grupo, por isso, a pessoa que vai contratar tem que implantar uma cultura de time e mostrar os benefícios de quem joga junto com a empresa, e por mais que a empresa possa estar em um início difícil as coisas sempre melhoram, e quando melhora para empresa, melhora para todos.

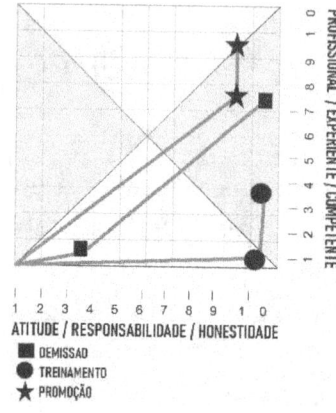

CRIATIVANDO! Negócios Criativos Faturam Mais!

CULTURA DE EMPRESA

A cultura tem sido a principal forma de uma empresa se portar junto aos clientes, fornecedores e colaboradores, trata-se de enxergar a empresa como um indivíduo formado por muitas mentes, geralmente a cultura começa nos líderes e se estende nos demais setores, é como pensamos e agimos em relação ao mundo, são nossas atitudes, nosso caráter, e como agimos com o ser humano que está junto a nós, para criar uma cultura organizacional leva tempo, esforço e dedicação, saber diferenciar cultura de clima organizacional é importante, visto que são muito parecidas, vamos tentar explicar de forma sucinta:

Cultura organizacional	Clima organizacional
CONJUNTO DE NORMAS, VALORES E COMPORTAMENTOS DE UMA EMPRESA.	MEDE A SATISFAÇÃO DO COLABORADOR ESTAR ALI.
É A PERSONALIDADE DE UM NEGÓCIO.	É O ESTADO DE ESPÍRITO.
NÃO SE ALTERA FACILMENTE.	VARIA CONSTANTEMENTE.
É IMPERCEPTÍVEL AS VEZES, MAS SEMPRE SE FAZ PRESENTE.	FAZ PARTE DE UMA ROTINA NA EMPRESA.
DIZ RESPEITO À MOTIVAÇÃO E ENGAJAMENTO.	COMPROMISSO E LEALDADE SÃO PARTES DO CLIMA ORGANIZACIONAL.

CRIATIVANDO! Negócios Criativos Faturam Mais!

QUEM QUER FAZER DÁ UM JEITO QUEM NÃO QUER DÁ UMA DESCULPA!

CRIATIVANDO! Negócios Criativos Faturam Mais!

CÓDIGO DE BARRAS

Existem diversos tipos de códigos de barras no mundo inteiro, e foi criado em cada país um órgão regulador, que monitora e cuida para que as numerações não se repitam, no Brasil, temos a GS1, pode-se chamar de monopólio, pois você é obrigado a pagar pelo resto da vida uma mensalidade sem fim, ou seja, enquanto seu comércio está aberto, e quanto mais você fatura, mais você paga, coisas do Brasil, recentemente um cliente meu tinha um faturamento alto e apenas 1 produto, 1 código apenas foi necessário e o cliente arcou com altíssimos R$ 1667,00 enquanto que outro cliente, com 30 produtos, pagou R$ 643,00, é como IPVA, você paga % sobre o que fatura, infelizmente.

Existem 3 principais tipos de códigos de barras mais utilizados, são eles, EAN8, EAN13, ITF14 OU DUN14.

Fora isso existem também o ISBN para livros, o CODE128 para textos e existem os códigos QRCODE, entre outros, vamos abordar aqui os mais usados no dia a dia dos empreendedores brasileiros.

O código de barras funciona como um CPF do produto, ele nasce e morre com o produto, segue durante todo o seu ciclo de vida, e mesmo alterando textos, cores, embalagem, o código permanecerá o mesmo. Vamos entender como funciona um código:
EAN8 – USADO APENAS NOS EUA E CANADÁ
EAN13 – USADO EM TODO O PLANETA
ITF14 – USADO EM TODO PLANETA
ISBN – USADO EM LIVROS
QRCODE – GERALMENTE USADO EM VÁRIAS MÍDIAS PARA ALCANÇAR ALGUM LINK, SITE OU PROMOÇÃO.

Estrutura de um EAN13, abaixo na figura podemos ver as áreas de segurança, e o que cada numeração representa:

CRIATIVANDO! Negócios Criativos Faturam Mais!

Jamais se deve esticar o código, jamais deve-se trocar uma barra ou um número, deve-se usar integralmente conforme gerado pelo sistema, ou seja, sempre ampliar proporcionalmente.

Para usar o código corretamente, deve-se sempre listar os produtos de maneira ordenada, por cor, tamanho, peso, volumes, etc. Veja abaixo o exemplo:

CRIATIVANDO! Negócios Criativos Faturam Mais!

VEJA QUE NÃO É UMA REGRA MAS VOCÊ PODE USAR A MESMA NUMERAÇÃO DO PRODUTO UNITÁRIO NA CAIXA MASTER, BASTA ACRESCENTAR 1 ANTES DA NUMERAÇÃO PADRÃO E O DIGÍTO MUDA AUTOMÁTICAMENTE. SEMPRE QUE POSSÍVEL, MANTER CONTORNO ENVOLTA DOS CÓDIGOS MELHORA A LEITURA, E EVITA DESGASTES DAS BARRAS POR ATRITO.

PARA EAN 13 SEMPRE DEVE TER FUNDO BRANCO OU COM UM BOM CONTRASTE, PARA EVITAR FALHAS DE LEITURA.

CRIATIVANDO! Negócios Criativos Faturam Mais!

Parar gerar facilmente um código de barras, há ainda as balanças que geram centenas de variações que servem para uso interno, você pode usar este tipo quando vai usar apenas para uma venda interna dentro do seu próprio estabelecimento: {IMPORTANTE}: Se você vai se cadastrar em MARKETPLACES, o código de barras original da GS1 ajuda a ranquear melhor seu produto, pois os motores de busca rastreiam como um produto autêntico, então caso ele se depare com um produto que o código é registrado ele apresentará o mesmo para o cliente antes dos demais.

O que não te contam é que você pode usar um código de outro País, sem problema algum, eu utilizo bastante para meus clientes que não querem ter despesas futuras, geralmente o código internacional você só paga uma única vez e usa para sempre.

Para comprar um código de barras com código do Brasil, acesse a página https://www.gs1br.org/ lá você encontra todos os itens para gerar códigos de todos os tipos.

O melhor programa confiável para gerar código de barras alternativo que uso é o CorelDraw, em uma gráfica rápida você consegue gerar barras a partir de um número qualquer.

Abra o Corel Draw, na barra de ferramentas escolha LAUNCH > Corel Barcod Wizard, vai abrir uma caixa de diálogo, para você escolher o tipo de código e digitar a numeração desejada, Após digitar clica em avançar, na terceira caixa você pode alterar parâmetros do código, como tamanho, largura, altura, distância das barras, mas aconselho deixar o padrão. Logo após clique em avançar e seu código será colado na área de trabalho ao pressionar CTRL+V.

CRIATIVANDO! Negócios Criativos Faturam Mais!

CRIATIVANDO! Negócios Criativos Faturam Mais!

BRANDING – GESTÃO DA MARCA

Branding é a gestão do patrimônio intangível de uma empresa, a sua marca, a ideia de branding é a geração de propósito e valor da marca, as empresas mais bem sucedidas tem forte trabalho em branding. O objetivo é criar conexões e despertar sentimentos conscientes ou não, essenciais para que o cliente escolha sua marca na hora da decisão para comprar algum produto ou serviço.

Se eu mencionar uma cor vermelha por exemplo, o que você imaginaria, pense em vermelho, o que você vê sempre vermelho, uma coisa desejada em vermelho, que você quer, deu sede, salivou, pensou em uma Coca-Cola? Uma Ferrari? Isso porque essas empresas investem milhões em branding, e faz criar em você esse desejo, na sua pequena empresa, você pode fazer aquele bolo maravilhoso e cativar seus clientes, sempre expondo sua marca, infelizmente vejo muita gente usando aquelas embalagens padrão que nada ajudam no branding, as pessoas não dão valor ao branding por desconhecer seus efeitos, eles são mais inconsciente que consciente, a Coca-Cola recentemente lançou uma propaganda que tinha uma máquina que quando passava um casal, acendia várias luzes, numa rua qualquer, perguntava seus nomes, eles diziam e a máquina soltava duas latas personalizadas com o nome delas, fantástico não? Isso gera uma enorme relação com clientes, mesmo aqueles que não participaram do evento, se sentiram gratas por aquilo, então comece a fazer o mesmo com sua marca, estudando e procurando técnicas de branding que possam aproximar seu público. Aposte suas fichas no branding que dá resultados a longo prazo. Uma gestão de branding correta faz você pagar R$ 10.400,00 numa Caneta Montblanc, como pode ver na próxima figura, sendo que você encontra uma que faz a mesma função por apenas R$ 1,67, mas a gestão da marca, materiais, comunicação, linha de produtos,

CRIATIVANDO! Negócios Criativos Faturam Mais!

status, faz bugar nosso cérebro para entendermos que essa caneta vale mesmo tudo isso.

Então se você deseja ser mais Montblanc e menos Faber Castell, comece a fazer a gestão da sua marca desde já, e invista o tempo todo em aprendizado sobre gestão. Mesmo que você não saiba o que está fazendo no momento, no futuro fará todo sentido ter estudado gestão, quando as coisas tiverem mais evoluídas, quando a sua base de clientes for sólida, aí você lembrará desta curta passagem deste livro. Aprofunde-se em tudo que tem a ver com gestão de marcas, produtos e processos.

GESTÃO DE PRODUTOS

CRIATIVANDO! Negócios Criativos Faturam Mais!

Em gestão e marketing, um produto é um conjunto de atributos tangíveis ou intangíveis formados no processo de produção, que podem atender a necessidades reais ou simbólicas, e podem ser convertidos em commodities por meio de determinado valor de troca no momento das transações de mercado. Portanto, como produtos, consideramos bens físicos (copo, cadeira, livros, etc.), serviços (cortes de cabelo, lavagens de carros, etc.), eventos (shows, desfiles, etc.), pessoas (Pelé, George Bush, etc.), locais (Havaí, Veneza, etc.)), organização (Greenpeace, Exército de Salvação, etc.), até mesmo ideias (planejamento familiar, direção defensiva, etc.)

De acordo com Kotler e Armstrong, um produto se refere a qualquer coisa que pode ser fornecida ao mercado para atrair a atenção, adquirir, usar ou consumir e atender à demanda. O produto é o primeiro elemento do mix de marketing: todos os outros componentes dependem da pesquisa e do conhecimento do produto. Publicidade, preço e distribuição só podem ser determinados após pesquisar o produto e determinar seu mercado-alvo. Portanto, os fatores diretamente relacionados às cotações de mercado são estudados aqui. Quais produtos produzir, determinar ciclo de vida de cada produto, determinar preços, tamanhos, materiais e processos empregados, público alvo entre outros é a preocupação da gestão de vendas de um produto.

GESTÃO DE EMBALAGENS

Há muito tempo atrás as embalagens eram apenas para função primária, ou seja, proteger o produto contra danos no transporte,

CRIATIVANDO! Negócios Criativos Faturam Mais!

hoje essa única função em muito já foi superada, agora a embalagem tem vários níveis de categoria, algumas embalagens chegam a ser mais caras que o custo do próprio produto em si, como por exemplo a garrafa de água mineral, todo o conjunto de rótulo, tampa e garrafa e shirink custam mais caro que o líquido dentro da garrafa, contudo é essa embalagem que permite além de transportar, também permite vender a água a preços mais elevados do que se fosse apenas um cara com um pote, servindo canecas de água, a embalagem permite o escoamento em massa, produção contínua e acelerada além de agregar valor à marca e ao produto.

As embalagens estão evoluindo cada vez mais, são os materiais os processos, a ergonomia, tudo tem evoluído para um processo cada vez mais comunicativo e eficiente, hoje a embalagem se torna peça publicitária em alguns casos.

O que continua a acontecer é a falta de informação quanto ao valor agregado que a embalagem cria para marca ou para o produto, uma embalagem bem pensada é capaz de induzir à compra e criar fidelidade do shopper no processo à determinado produto ou marca.

Tenho dito para muitos empresários, eles gastam grandes fortunas, no prédio, nas fachadas, nas contratações, e quando chega a hora importante que é onde o consumidor tem contato com seu produto é que eles resolvem economizar, muitos produtos são de extrema qualidade, mas são apresentados de uma forma tão simples que acabam por tirar todo o potencial existente de sucesso de vendas, claro que não é uma garantia absoluta de vendas mas a embalagem responde por cerca de 30% de todo o processo em alguns tipos de produtos ou serviço.

Vamos conhecer os tipos de embalagens para que você possa pedir com clareza quando necessitar:

CRIATIVANDO! Negócios Criativos Faturam Mais!

Podemos classificar as embalagens em 3 níveis principais, PRIMARIA, SECUNDÁRIA E TECIÁRIA, cada uma delas tem uma função específica, além disso ainda entram os acessórios, que podem ser acessórios para uma embalagem em qualquer uma das classificações, por exemplo, se você tem uma garrafa e quer decorála com uma tag, seria o mesmo que pegar uma embalagem primária com acessório adicional que não faz parte da originalidade, ou seja, faz parte como padrão garrafa, tampa e rótulo, uma tag seria um extra que não faz parte do processo convencional.

EMBALAGEM PRIMÁRIA

A embalagem primária é aquela que vai direto para consumo, ou seja, uma caixa de cereal, você abre e já consome o produto, um pacote de arroz, de feijão, e assim por diante, geralmente é essa embalagem que vai para a prateleira e tem contato direto com o cliente.

EMBALAGEM SECUNDÁRIA

Embalagem secundária seria a embalagem do produto unitário, também chamada de embalagem master, ela pode ser uma caixa ou um fardo, um pack de produtos, a partir do momento que ela constitui dois ou mais produtos já embalados se torna uma embalagem secundária. Esta embalagem pode ser terciária também

CRIATIVANDO! Negócios Criativos Faturam Mais!

nos casos em que temos um produto + pack de produtos + caixa dos produtos, neste caso seria a caixa uma embalagem terciária.

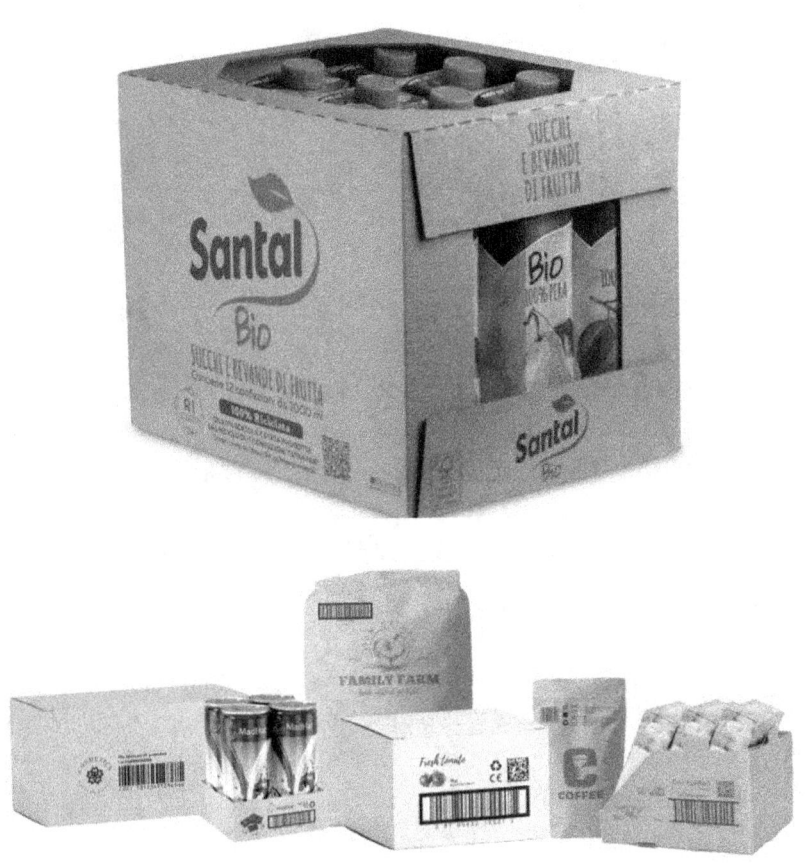

EMBALAGEM TECIÁRIA

Compreendemos como terciária a embalagem que abriga uma embalagem com vários produtos ou packs de produtos.

CRIATIVANDO! Negócios Criativos Faturam Mais!

A embalagem é um desafio para o planeta, uma vez que o consumo desenfreado, o crescimento populacional, e a ascensão de grandes centros urbanos bem como a mudança comportamental, tem deixado as indústrias cada vez mais apreensivas quanto ao uso de materiais e processos mais adequados à denegrir menos a natureza, para isso vem crescendo o uso de embalagens retornáveis e materiais que se decompõe em um prazo mais rápido, para talvez assim tentar minimizar a grande quantidade de lixo causado pelas embalagens.

Então se o seu produto permitir, use sempre materiais e processos que sejam recicláveis, além de ajudar o planeta, sua marca passa mensagem que está preocupada com o futuro, com o meioambiente e com as pessoas.

Aqui segue um exemplo mais claro de embalagens primárias, secundárias e terciárias.

CRIATIVANDO! Negócios Criativos Faturam Mais!

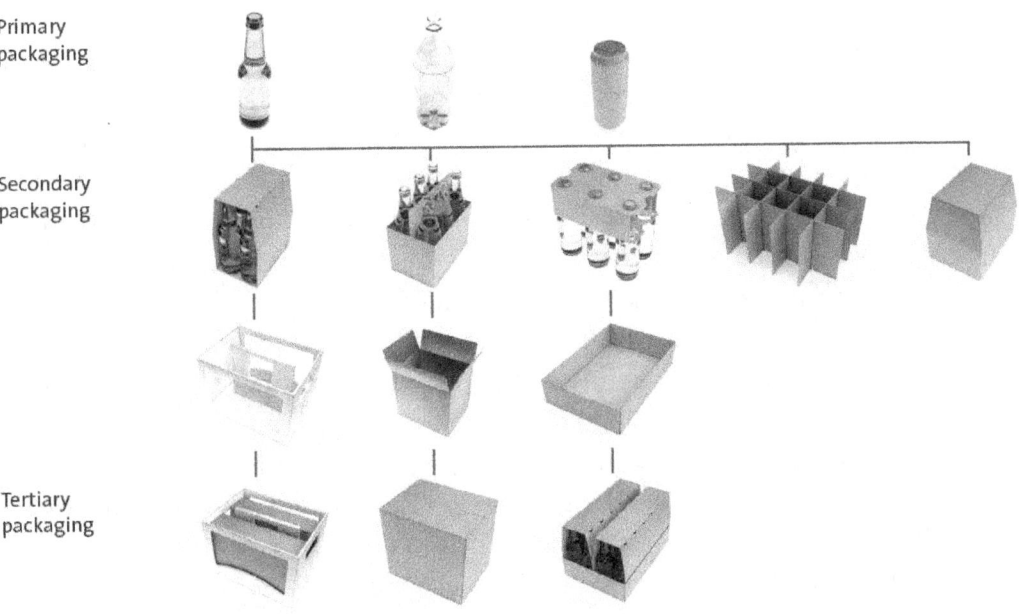

https://www.webpackaging.com/en/portals/kronesag/assets/11235338/Packagingline-Krones

Para quem vai vender um produto físico, ou vai entregar um produto preparado, ou até mesmo delivery de comidas, vale a pena investir o máximo na embalagem para potencializar os resultados obtidos e agregar valor à sua marca, neste próximo passo vamos falar de materiais e processos de embalagens e a função de cada uma delas para ajudar os empreendedores a compreenderem essas cadeia de fornecimento e saber o que usar para melhor desempenho de seus produtos.

EMBALAGENS FLEXÍVEIS

CRIATIVANDO! Negócios Criativos Faturam Mais!

Embalagem é a comunicação direta da sua marca com seu público, algumas embalagens alcançaram tanta notoriedade que deram identidade para a marca, basta pegar como exemplo a garrafa de Coca-Cola, o formato ergonômico da garrafa ficou tão conhecido que quando você pronuncia a marca sua mente já remete ao formato da garrafa, isso é porque uma coisa está intrinsicamente ligada à outra. E as vezes a embalagem pode provocar tanto o sucesso quanto o fracasso de um produto dependendo de sua utilização, vejo constantemente isso nos casos de alimentos, para economizar o cliente opta por um material inadequado, não sabendo ele, pois o fabricante de embalagem quer apenas um volume de vendas de plástico e não o sucesso do cliente, ou as vezes nem o fabricante de embalagens conhece tal informação, vamos dar um exemplo, vejo muitos embalando queijo e presunto fatiados em embalagens de PEBD, achando que estão economizando, mal sabem eles que o PEBD tem baixa barreira de proteção podendo ser contaminado facilmente e não retém os gases, ou seja, absorve cheiros, gases, e tudo que tiver de mais forte à sua volta, para resolver o problema parcialmente ideal é fazer uma espessura mais grossa, então laminar com outros materiais com barreira maior, como PET ou BOPP.

Os principais filmes flexíveis para embalagens flexíveis são:
Polietileno (PE)
Polipropileno biorientado (BOPP)
Filme cast de polipropileno (PP)
Poli (etileno tereftalato) (PET)
Nylon poli (Vácuo)

Existem muitos outros tipos de materiais, mas vamos abordar os principais mais usados e com preço de mercado.
Materiais Mais usados e suas aplicações:

PEBD – O polietileno é um dos plásticos mais importantes atualmente. Ele pertence ao grupo de termoplásticos, ou seja, aqueles que se deformam com o calor. No caso do polietileno, por exemplo, essa temperatura fica entre 110 e 115°C.PE é de longe o mais utilizado, ele tem 3 variações principais, PEBD (Polietileno de baixa densidade), PELBD (polietileno linear de baixa densidade), PEAD (polietileno de alta densidade). Usado para embalar Arroz, farinha, açúcar, milho, envoltórios, shirink para bebidas, polpas, congelados, pães, enfim o PEBD pode ser obtido por extrusão, moldagem por sopro e moldagem por injeção. Portanto pode embalar alimentos sólidos, líquidos, congelados ou inatura, possui pouca barreira contra gases, mas é usado em larga escala.

BOPP – É usado em larga escala principalmente na linha alimentícia, possui alta transparência, alta barreira contra umidade o que favorece para biscoitos e bolachas, e rasga com facilidade o que facilita quando você embala um snack, fritas, biscoitos para consumo imediato e individual, se você for fazer seu produto em BOPP o ideal é laminar com outro material (PP ou PEBD), pois assim melhora a solda, geralmente o BOPP sozinho tem o ponto de

CRIATIVANDO! Negócios Criativos Faturam Mais!

solda muito limitado e para evitar problemas o equipamento de embalar deve estar sempre calibrado.
Ideal para embalar petiscos, snacks, confeitos, pães, bolos, biscoitos, bolachas, chá, café.

PEAD – Pelo processo de injeção, o PEAD é utilizado para a confecção de baldes e bacias, bandejas para pintura. Pelo processo de extrusão, produzem barbantes de costura, redes para embalagem de frutas, fitas decorativas, sacos para lixo e sacolas de supermercados. Ele pode ser transparente ou pigmentado, por isso você costuma ver sacolas brancas, amarelas, vermelhas ou pretas e muitas outras cores possíveis.
Ideal para fazer sacolas, sacos hortifruti, sacos fundo estrela, folhas entre massas, produtos de baixo valor agregado que requerem

CRIATIVANDO! Negócios Criativos Faturam Mais!

mais barreira.

PP é altamente usado quando se quer transparência e brilho, com custo menor que o BOPP, possui boa resistência à tração, a principal linha que usa PP são as panificações e indústrias de pães e também bastante usado em vestuário e temperos, elas usam em larga escala e as vezes laminam com outros materiais quando querem mais nobreza.

CRIATIVANDO! Negócios Criativos Faturam Mais!

PET: Este é um material nobre, o uso desse tipo de material está crescendo em grande escala, principalmente depois que seu uso combinado com outros materiais tem sido maior sucesso, ele existe com metalização e transparente, muito usado em chás, rações, temperos, frutas congeladas, peixes congelados, entre outros.

CRIATIVANDO! Negócios Criativos Faturam Mais!

Bastante resistente à tração e perfuração, possui alto brilho e transparência, porém sozinho não tem soldabilidade, sempre precisa laminar com outro material para dar solda, ideal para embalagens complexas ou que requerem beleza superior, o pet tem causado a migração de muitos produtos de embalagens rígidas como sabão líquido para o formato flexível, e a tendência é só aumentar.

NYLONPOLI é um Filme coextrusado com 4 a 7 camadas, utilizando nylon em sua camada de barreira; muito utilizado por Laticínios, Frigoríficos, Pastifícios, Casas de carnes, Padarias, Hortifrutis, Restaurantes, Supermercados e varejistas em geral. Ideal para os seguintes produtos:
- Frigorífico: carne bovina, frangos, peixes, salsichas e linguiças;

CRIATIVANDO! Negócios Criativos Faturam Mais!

- Queijos, frios, embutidos em geral;
- Café solúvel, pizzas, massas, legumes;

Tem resistência mecânica acentuada (da tração à perfuração), possui boa transparência que destaca as características do produto e é aprovado para contato direto com alimentos, atende ao RDC 51 e FDA, conserva o aroma e a textura dos alimentos, tem uma boa barreira à óleos e gorduras.

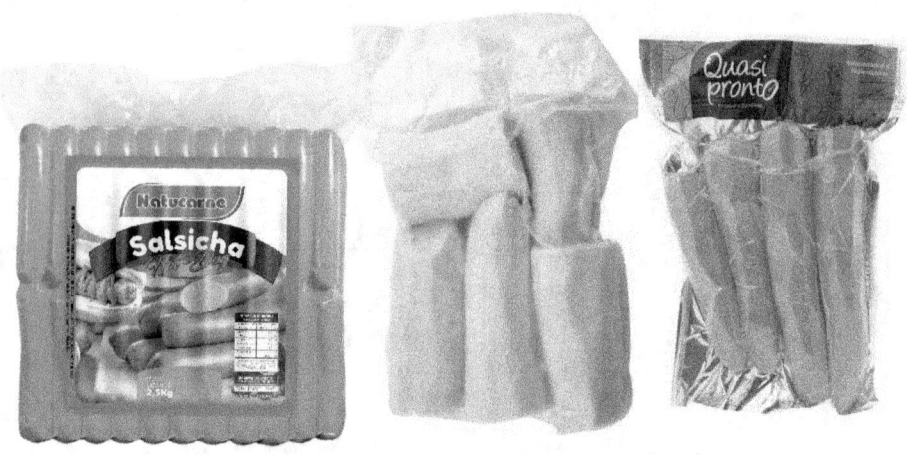

LAMINAÇÃO PLÁSTICA

Laminação é o processo de união de 2 ou mais camadas de plásticos para se conseguir uma composição ideal para um determinado tipo de produto, os empreendedores costumam confundir laminados com metalizados, são duas coisas bem distintas, para o laminado você pode juntar por exemplo PET+PEBD e assim embalar temperos ou pão de queijo, bem como diversos outros tipos de produtos, o PET tem alta barreira mas não solda, o PEBD tem baixa barreira mas solda bem, juntando os dois cria-se um filme muito bom, resistente a impactos e perfurações e com alta barreira contra umidade e contaminantes.

CRIATIVANDO! Negócios Criativos Faturam Mais!

A vantagem da laminação vai além da mecânica, a impressão também se beneficia, podendo ficar mais brilhante e protegida ou fosca se usar um BOPP MATTE FOSCO + PEBD

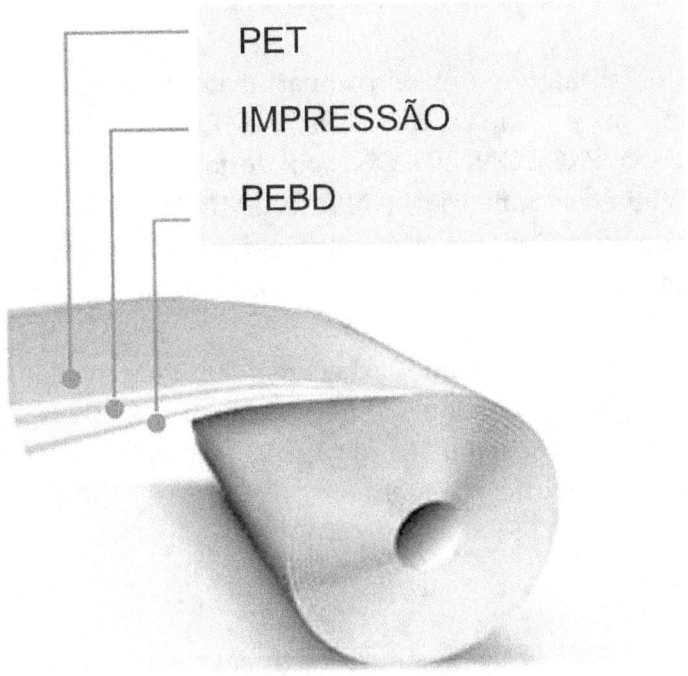

Quando se lâmina, a impressão geralmente é interna, há casos de impressão externa e interna, como por exemplo quando se quer aplicar um verniz localizado.

EMBALAGENS QUE PRECISAM DE REGULAMENTAÇÃO ESPECIAL

Se você vai produzir algum tipo de alimento ou produto químico, como já disse anteriormente, alguns produtos precisam de uma regulamentação especial, principalmente se forem alimentos específicos tais como: carne bovina, queijos, linguiças, embutidos, fatiados, peixes, charques, rãs, frangos ou produtos químicos tais como sabão, detergente, desinfetante, aromatizantes, soda cáustica, solução de bateria, limpa ar, perfumes, cosméticos, dentre outros. A razão é que precisa-se ter um controle sobre os produtos, para que não afetem a saúde dos seus consumidores e ao invés de satisfazer comecem a prejudicar as pessoas.

No Brasil alguns órgãos compartilham a fiscalização sanitária de alimentos e bebidas, entre eles, INMETRO, Ministério de Minas e Energia, PROCON, DECON, com destaque para a Agencia Nacional de Vigilância Sanitária – ANVISA e MAPA – Ministério da Agricultura, Pecuária e Abastecimento. Juntos eles fiscalizam tanto produtos quanto as embalagens, estabelecimentos e processos.

Juntos cuidam da regulamentação de cosméticos, agrotóxicos, alimentos e saneantes, também regulamenta laboratórios, hospitais, clínicas, medicamentos, serviços de saúde, portos, aeroportos, fronteiras.

INMETRO

INMETRO - Instituto Nacional de Metrologia, Qualidade e Tecnologia - Inmetro - é uma autarquia federal, vinculada ao Ministério da Economia, que atua como Secretaria Executiva do Conselho Nacional de Metrologia, Normalização e Qualidade Industrial (Conmetro), colegiado interministerial, que é o órgão normativo do Sistema Nacional de Metrologia, Normalização e Qualidade Industrial (Sinmetro). *Fonte: inmetro.gov.br*

Basicamente o INMETRO cuida de pesos, medidas, normas técnicas e certificação de produtos de fabricação industrial, como por exemplo, se você vai fabricar um brinquedo, precisa que o INMETRO aprove o mesmo para que seja viável sua produção, eles vão analisar materiais, processos, dimensões, peças, para classificar produto para faixa etária adequada, por exemplo, se o brinquedo possuir pequenas peças, não pode ser fabricado para menores de 3 anos de idade.

CRIATIVANDO! Negócios Criativos Faturam Mais!

PROCON

PROCON é um órgão público que atua primordialmente na proteção e defesa dos direitos dos consumidores e seus interesses, na esfera individual e coletiva. É um órgão técnico não judicial que cuida dos interesses legais dos consumidores, como por exemplo, se anunciarem um preço de um produto e não quiserem cumprir, se não emitirem a nota fiscal e você desejar exigir, para tudo isso o PROCON é o canal indicado. Toda aquisição de produto ou contratação de serviço que se faz na condição de consumidor é uma relação de consumo. Assim, tendo problemas nesta aquisição ou prestação de serviços, você tem direito a reclamar e pode procurar uma unidade de Procon.

DECON

Programa Estadual de Proteção e Defesa do Consumidor, **DECON**, é um departamento estadual de Polícia do Consumidor. Recebe denúncias de crimes contra as relações de consumo, instaurando inquérito policial para apurar os fatos.

ANVISA

A Agência Nacional de Vigilância Sanitária tem como finalidade promover a proteção da saúde da população por intermédio do controle sanitário da produção e da comercialização de produtos e serviços submetidos à vigilância sanitária, inclusive dos ambientes, dos processos, dos insumos e das tecnologias, ou seja, tudo que passa nas áreas de agrotóxicos e toxicologia; alimentos; cosméticos; derivados do tabaco; farmacovigilância; inspeção; medicamentos; monitoração de propaganda; portos, aeroportos e fronteiras; produtos para a saúde; rede brasileira de laboratórios analíticos de saúde; regulação de mercado; relações internacionais; saneantes; sangue, tecidos e órgãos; serviços de saúde e tecnovigilância. A ANVISA tem poderes para interditar, multar e até fechar um estabelecimento devido condições sanitárias.

MAPA

O órgão que cuida do famoso SIF (Selo de Inspeção Federal) é o Ministério da Agricultura, Pecuária e Abastecimento (Mapa) é responsável pela gestão das políticas públicas de estímulo à agropecuária, pelo fomento do agronegócio e pela regulação e normatização de serviços vinculados ao setor. O MAPA exerce suas atividades nos estados brasileiros através das Superintendências Federais de Agricultura (SFAs). Cada Estado tem sua própria SFAs cada uma segue o Estado, SFA/GO, SFA/AM, SFA/SP, etc.

Então se você está querendo produzir qualquer produto que se relacione com estes órgãos o ideal é se preparar para muita burocracia na hora de conseguir o registro, tanto de funcionamento, quanto de vendas e comercialização dos produtos, por exemplo, se você vai vender carnes em um açougue, precisa de ANVISA, licença de operação padrão para comércio, agora se você vai embalar carne do seu açougue para distribuir em supermercados então complicou, além de Licença da ANVISA, você vai precisar do SIE, SIM, SIF.

Para cada peso, e cada tipo de embalagem vai um selo diferente, sempre é bom ter um RT – Responsável Técnico, ele vai te orientar da melhor maneira possível, como as regulamentações mudam a cada ano, e os modelos de selos e aplicações também, não adianta eu colocar as informações exatas pois possa ser que você esteja lendo este livro em uma data futura em que não são mais aplicáveis.

CRIATIVANDO! Negócios Criativos Faturam Mais!

SIM – Permite você vender apena no município no qual se encontra sua empresa.

SIE – Permite a venda em todo o Estado no qual sua empresa está sediada.

SIF – Permite a venda em todo o território nacional, bem como a exportação, mas para exportar cabe uma série de outras exigências inclusive do País de destino.

MODELO DE ETIQUETA PARA PRODUTOS
COM ORIGEM ANIMAL

Qualquer produto que não for a embalagem personalizada, mas precisar ser embalado para ser posteriormente distribuído é obrigatório o uso de uma etiqueta na parte interna do produto, seja

CRIATIVANDO! Negócios Criativos Faturam Mais!

linguiça, peixe ou carne, somente para os casos que a embalagem é sem impressão, também são usada para variação de produtos, por exemplo, se você embala 18 tipos de cortes ou 18 tipos de peixes ou 18 sabores de linguiça, não precisa fazer 18 sabores de embalagens, você apenas faz uma padrão, e variação de sabor é feita na etiqueta.

O modelo não é padronizado, cada estado segue sua própria definição de modelos.

EMBALAGENS PAPEL OFFSET

As embalagens de papel estão em todos os setores praticamente do comércio e indústria do Brasil, são amplamente usadas para distribuir e proteger todos os tipos de produtos,

CRIATIVANDO! Negócios Criativos Faturam Mais!

Elas podem ser displays, porta garrafas, porta copos, sacos delivery, caixas para celular, em geral tudo é possível com papel e papelão, o problema é apenas o custo elevado de produção, então se você tem por exemplo 30g de pimenta do reino para vender, dificilmente venderia em uma caixa, pois a caixa custaria mais que o produto, constantemente vejo comerciantes buscando alternativas às embalagens de papel, e uma grande maioria migra para o plástico pois o custo é bem menor, os que tem produtos de preços mais elevados ou que conseguem agregar valor conseguem manter as caixas.

Na caixa existem inúmeros acabamentos, ela pode ser metalizada, laminada com plástico brilho ou fosco, aplicar verniz, fazer um corte especial, um formato diferente, pode ser usada como saco delivery ou pode-se também fazer uma sacola de shopping para lojas, é bastante usada a sacola de papel nos grandes centros pela beleza, mas enquanto uma sacola de plástico custa entre R$ 0,25 a R$ 0,55 uma de papel chega a custar R$ 3,00 e se você vende por exemplo uma bijuteria de R$ 5,00 dificilmente vai conseguir arcar com custos de uma embalagem como essas.

CRIATIVANDO! Negócios Criativos Faturam Mais!

Exemplos de caixas cortadas com facas especiais, no geral você pode colocar qualquer forma dependendo da verba disponível para o projeto.

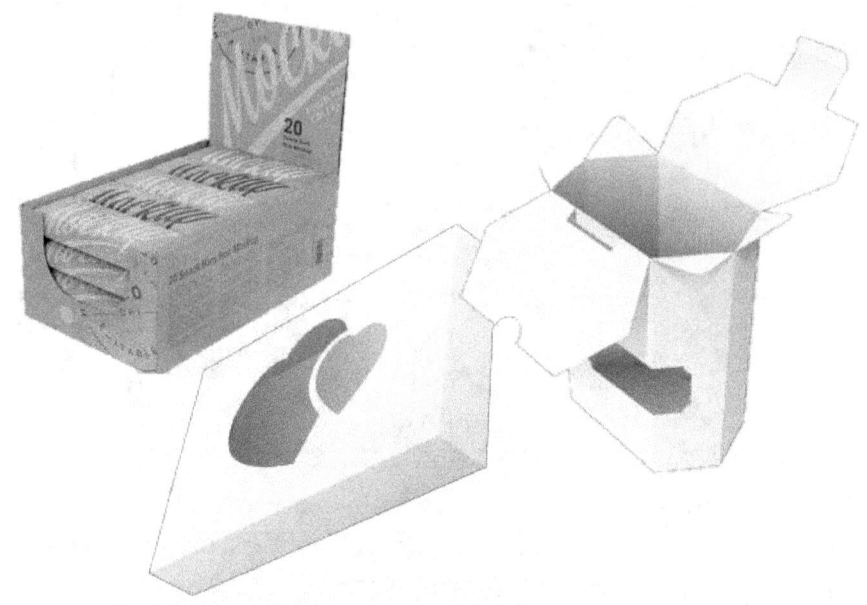

FRASCOS E POTES

Frascos e potes são em sua maioria de plástico, cada um recebe uma forma e uma função especifica, eles podem ser formados por sopro ou injeção, são duas modalidades diferente, no sopro é uma pré forma que é colocada dentro de um molde aquecido que é soprado até ficar no formato do molde, após isso, é separado do molde e colocado para resfriamento, geralmente itens ocos ou de volume são feitos desta forma, um grande problema enfrentado pelas empresas que usam esse tipo de embalagem é custo da unidade bem como do

frete, enquanto uma embalagem flexível para 1litro você consegue juntar 1.000 unidade numa caixa 30x30cm no frasco ocorre o contrário, neste mesmo espaço que cabe 1.000

CRIATIVANDO! Negócios Criativos Faturam Mais!

embalagens de plástico flexível se for colocar o frasco caberia apenas 12 unidades, talvez essa fator tenha causado a migração de muitos produtos químicos e saneantes para embalagens flexíveis, pois o frasco provoca o acúmulo de uma grande área, alterando os custos de logística e espaço físico para estoque. A vantagem dos frascos é a versatilidade de troda de produto com uma certa rapidez, você sai de um produto para o outro em poucos dias apenas mudando o rótulo, enquanto que na embalagem flexível você espera acima de 25 dias para ter seu  produto pronto em mãos, outra vantagem do frasco é a sua quantidade mínima, se não for um molde exclusivo você pode comprar 100 peças por exemplo já vender sua água de côco natural, ou seu suco processado de laranja, ou até mesmo aquele seu iorgute caseiro.

Só tenha cuidado com os produtos químicos são cercados de legislações que empacam nos Órgãos reguladores, no caso de químicos quem cuida é a ANVISA, o processo é lento e doloroso, muitos comerciantes passam até 2 anos para conseguir todas as licenças.

RÓTULOS

Os rótulos são essenciais para os pequenos produtores, a tia do bairro que acabou de fazer um belo bolo, pode colar sua marca com um rótulo adesivo e começar a vender quase que instaneamente, eu amo rótulos particularmente, pois foi primeiro produto que me fez ingressar no mundo da representação comercial, através da Amazon Etiquetas em 2014, apesar de eu ter vendido já muita coisa antes, nos rótulos eu tive a oportunidade de vender as minhas idéias para novos empreendedores, e digo que foi sucesso pois até hoje, 6 anos

CRIATIVANDO! Negócios Criativos Faturam Mais!

depois ainda tem cliente usando artes criados por mim, sinal que estava correto.

Os rótulos podem ser adpatados para todas as situações, comércio, indústria, alimentos, carnes, peixes, entre outros, para cada tipo há uma aplicação distinta, o adesivo mede o grau de colagem no objeto de destino, por exemplo, se você vai refrigerar ou congelar não pode usar papel, terá que usar bopp, os principais materiais usados em rótulos e etiquetas são:

PAPÉIS

Papel_Couchê
Papel liso e Brilhante, ideal para usar com ribbon, tem em abundância no mercado, o que torna o preço mais acessível.

Papel_Offset_(fosco)

CRIATIVANDO! Negócios Criativos Faturam Mais!

Papel comum, fosco por natureza, ele permite a escrita e é mais usado com etiquetas que precisam ser marcadas ou escritas por cima com canetas.

Transtérmico (transtherm)
Papel com superfície extra lisa, ideal para impressão por termotransferência (com ribbon).

Papel Térmico
Papel termossensível, adequado para impressão térmico-direto (sem ribbon). A impressão é feita por calor da impressora.

Papeis Laminados
São papéis estilo metalizados, tem cores como prata, ouro, papeis brilhantes de cores diversas e até fluorescentes.

FILMES

BOPP_(Polipropileno_Biorientado)
O BOPP é o filme mais econômico disponível. Atua bem de -20 a 90°C e resiste bem a água, calor e rasgos, além de apresentar boa estabilidade dimensional. Existe vários acabamentos: branco fosco, branco brilhante, prata brilhante (metalizado) ou transparente.

BOPP_Térmico
O BOPP térmico tem as mesmas características do BOPP e tratamento especial do papel térmico. Utilizado com impressão térmico-direto (sem ribbon), onde o papel térmico não tem desempenho suficiente, ideal para produtos congelados onde não se vai usar ribbon.

Papel_Sintético-PTPS
Existem dois tipos de papel sintético. Poliestireno (PSAI), muito utilizado por frigoríficos e açougues e o PEAD – Polietileno de alta

densidade, este último é muito usado em botijas de gás, costuras em bigbags, dentre outros usos.

Poliéster_(PET)
O Poliéster um dos mais resistentes dessa categoria, geralmente é oferecido em diversos acabamentos: branco fosco, branco brilhante, prata cromo fosco, prata brilhante, holográfico, aço escovado, transparente ou ouro. Usa-se em peças rígidas, indústrias químicas entre outros.

Polietileno_(PE)
O polietileno é um filme que se contrai, usado geralmente em peças que não requerem adesivo ou que são curvos, por exemplo um rótulo de água sanitária tipo Manga, ele é feito em balão, picotado e veste a garrafa.

Tyvek
O Tyvek é um não tecido feito para durar, forte, resistente, não se desfaz facilmente, aceita impressão por ribbon, em alguns exemplos é usado em etiquetas de roupas colchões e pulseiras hospitalares.

Nylon_Resinado_(Tafetá)
Mais usado em etiquetas de roupas, é lavável, e aceita impressão de ribbon em ambos os lados, mas é difícil o corte, podendo ser dificultosa também sua aplicação que se dá por costura.

Poliamida_(Kapton)
O Kapton é usado quando tem que resistir à altas temperaturas, esse material resiste a até 300°C, usado mais em eletrônicos e automóveis.

Vinil_(PVC)
O PCV tem alta durabilidade e resistência a umidade, usado mais para sinalização e placas já que pode ficar exposto ao tempo.

CRIATIVANDO! Negócios Criativos Faturam Mais!

Policarbonato

As etiquetas de policarbonato são usadas para painéis e teclas, geralmente em maquinas que requerem digitação, com a impressão é no verso interno, resiste muito mais a fricção.

IMPRESSORA TÉRMICA

As impressora térmicas tem a função de ajudar o empreendedor a economizar, ou seja, você tem 10 produtos, não precisa fazer uma etiqueta diferente para cada produto, isso dificultaria o controle de estoque e aumentaria os custos, o que fazemos é fazer uma etiqueta neutra para depois alimentar os dados.

CRIATIVANDO! Negócios Criativos Faturam Mais!

As empresas de marketplaces e grandes indústrias fazem uso corriqueiro desta tecnologia, como neste caso de SUNDAE da empresas Sorvete Polo Sul, a fabricação e o Sabor é colocado posteriormente na impressora, por enquanto só tem os espaços vazios, isso ajuda na hora de reduzir custos com gastos de impressão, se você tiver 30 sabores, não vai querer ter 5 mil etiquetas de cada sabor.

RIBBON

Para que esta impressora funcione perfeitamente, precisa colocar uma fita de impressão, chamada Ribbon, que na tradução literal significa isso mesmo, fita, os ribbons existem em diversos materiais, para frios, para secos, para tecidos, cada um tem sua aplicação, é importante usar o material adequado para depois não soltar a tinta quando o produto estiver exposto na prateleira, o mais importante é verificar qual material você vai fabricar para não errar.

CRIATIVANDO! Negócios Criativos Faturam Mais!

DESIGN

O design talvez seja o melhor fator para que você tenha sucesso em qualquer tipo de empreendimento, hoje quando escrevo estas linhas colho os frutos do design, foi a partir do estudo de design que eu aprendi cores, forma, função, assim como o marketing cria processos em nosso cérebro instigando a compra, o design faz isso em um nível ainda mais profundo, no nosso subconsciente, as vezes você não sabe explicar o porquê de você gostar por exemplo de uma cor e não tolerar a outra, na maioria dos casos há explicação. Nós designers pensamos de forma diferente, de modo a encantar, de modo a convencer e harmonizar produtos e processos, portanto quando você vê algo funcional e bonito há uma pessoa por trás que pensou tudo aquilo, tenho milhares de cases de sucesso apenas com mudanças de design.

Muitos tendem a confundir design com luxo, design na verdade é projeto, e tem todas as vertentes dentro de si, desde o lixo ao luxo, li uma vez na Gestalt do Objeto que não adianta a torneira

https://www.scuoladesign.com/master/transportation-and-car-design-master/

ser de ouro se a água que sai dela é poluída, portanto, tem que ter a forma, ser luxuosa, ser linda e ser eficiente.

As formas encantam, as cores alimentam ou dão fome, dão sossego ou inquietação, a função faz a coisa funcionar, a ergonomia faz ficar agradável, então podemos dizer que todo objeto, produto,

CRIATIVANDO! Negócios Criativos Faturam Mais!

embalagem e até mesmo serviço em que é aplicado design tem maiores chances de sucesso.

https://i.pinimg.com/564x/bb/e9/d8/bbe9d8182bc00ed361d3da09c4dd67e1.jpg

O design organiza, forma e função com as cores para que o produto tenha a percepção certa na hora da compra, imagina se você vai comprar carte, e a embalagem é esverdeada ou azulada, daria um sensação de produto estragado, ou se você vai numa lanchonete e as cores são azul bebê, daria sono, cada projeto é pensado para alcancar um  determinado resultado, fruto de muito estudo para ter uma performance excelente no final. Analisando a figura das cadeiras, poderíamos dizer facilmente que uma tem design e a outra não, porém ambas tem, mas os objetivos são diferentes, então tudo pode ter um projeto envolvido que tenha um objetivo diferente.

CRIATIVANDO! Negócios Criativos Faturam Mais!

DESIGN NAS EMPRESAS

As maiores empresas investem pesado em design, mas as menores tendem a passar para o "sobrinho" executar o projeto, o resultado vemos diáriamente na rua, fachadas e placas, totalmente desconexas, marcas sem o menor sentido, cores que doem nas vistas, excesso de poluição visual, e os poucos que investem em design são os que se destacam, algumas cidades brasileiras já proibiram outdors, placas gigantes e fachadas desconexas, existe uma lei que regula o que pode e o que não pode, e isso deve ser o futuro em todas as cidades. Então se você pensa em montar uma empresa de sinalização vai se preparando para quando a lei chegar você não sofra um baque, em São Paulo por exemplo, as placas são praticamente proibidas, tanto quanto outdors, faixas, cartazes, tudo

a pro paganda é a alma do negócio.

https://webneel.com/packaging-design-contest-muse-design-award

que causava aquela poluição visual, ainda bem que chegou a internet, pois

CRIATIVANDO! Negócios Criativos Faturam Mais!

CASES DE SUCESSO

DUBOM TEMPERO

A Dubom Temperos foi a primeira empresa que aceitou minhas ideias de design e radicalmente tem passado por um processo de transformação total, tanto na área visual como nas ideias e projetos que sugeri, para tanto mudamos embalagens, materiais, máquinas

Infelizmente não se pode ver cores nesse livro, mas elas são vibrantes e adequadas ao processo.
de envase, construímos tudo novamente, e a demanda está sempre crescente, estimamos que o crescimento da Dubom em vendas foi de aproximadamente 50% se comparado ao período prédesign ao pós.

CRIATIVANDO! Negócios Criativos Faturam Mais!

> A Mudança de materiais, de design e de cores, permitiu que a Dubom alcançasse um novo público, saindo dos baixos preços e público de baixo poder aquisitivo para novos públicos de mais alto nível, e mesmo sendo uma empresa regional compete com as de nível nacional.

Muitos milhares de outros clientes receberam nossos serviços de interferêcia de Design de Marketing mas não caberia todos aqui,

CRIATIVANDO! Negócios Criativos Faturam Mais!

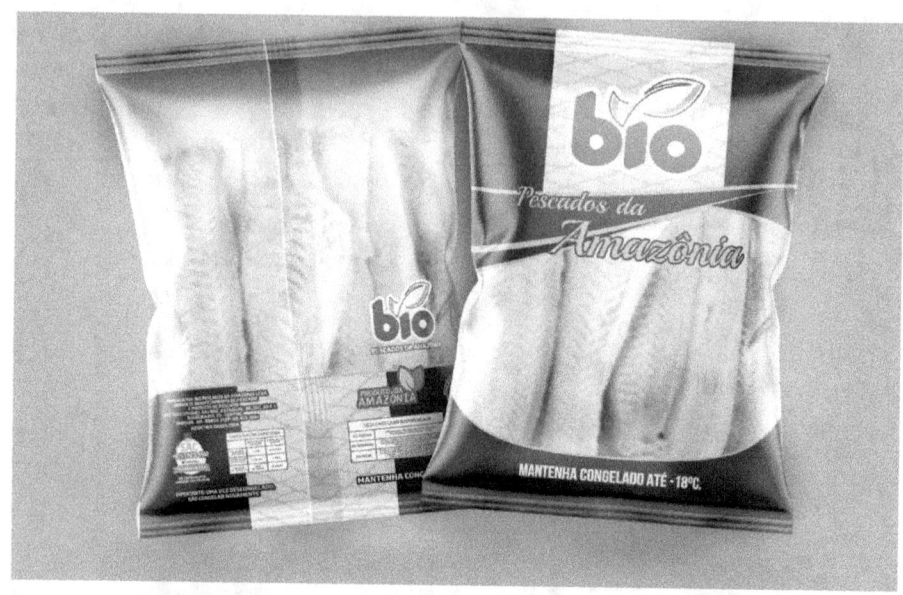

GESTÃO DE SERVIÇOS

CRIATIVANDO! Negócios Criativos Faturam Mais!

Vamos considerar que você queira prestar um serviço, porém o mesmo precisa ser praticado e executado presencialmente, por exemplo, se você faz reformas ou criação de jardins, precisa executar o serviço fisicamente, se caso você é um quiroprata precisa examinar e praticar a sua arte direto no cliente, para uma manicure a mesma situação, alguns tipos de serviços conseguem ser executados online dependendo da necessidade do cliente, por exemplo, se você é um arquiteto, pode vender uma planta arquitetônica para outra cidades, estados, ou até mesmo países, pois pode ser feita a entrega virtual, mas caso seja uma ampliação ou readequação do espaço provavelmente não, então, vamos falar sobre os serviços que podem ser executados presencialmente. A atuação do profissional de serviço presencial pode ser bem grande, você tem toda sua cidade e região para trabalhar, o que muitos profissionais cometem em erro é não gerenciar seus cadastros de clientes e não prospectar para o mês seguinte quando estão cheios de trabalho, e geralmente o que acontece é a superlotação em um mês enquanto no outro os atendimentos caem bastante, para resolver isso precisa elaborar um processo contínuo de vendas, gerenciar os clientes e manter um relacionamento, falaremos disso no CRM.

Para alavancar uma empresa de serviço, a diferença é que você tem que executar a tarefa, quando é um produto basta apenas efetuar a venda e entregar, para serviço as vezes as vendas são bem mais complexas, sugiro que os fornecedores de serviços estudem muito as suas áreas e aprendam a vender com eficácia para poder manter um fluxo contínuo de serviços.

Profissionais de serviços devem ter um padrão visual de uniforme, proteção individual quando necessitar, e possuir catálogos descrevendo suas atividades, caso não tenha realizado nenhum serviço, ideal é pegar algum que você tenha plena capacidade de fazer igual e quem sabe até mesmo executar algum serviço sem custo para pegar experiência e ter no seu portifólio.

CRIATIVANDO! Negócios Criativos Faturam Mais!

Para evoluir nos serviços, nunca deixe nada para trás, resolva todos os problemas e faça uma entrega acima do esperado, assim você vai ganhando fãs e escalando seus serviços cada vez mais.

COMO CRESCER NO SETOR DE SERVIÇOS

Para crescer neste setor, existem diversos caminhos e cada empreendedor encontra o seu cedo ou tarde, mas não tende reinventar a roda, veja o que seus concorrentes está fazendo e faça melhor, veja como é a entrega deles criem algo melhor, tenha uma listagem de clientes, gerencie nomes, telefones, data do último serviço, tenha um sistema de controle, para saber quem comprou e quando.

Para serviços o ideal mesmo é fazer algo além, surpreender seu cliente ainda é a melhor forma, se você tem uma estética por exemplo, deve aprender a criar uma aparência incrível que envolva e encante o cliente, a venda começa na hora que o cliente diz "me fale mais que sobre seu serviço..."

Quando você faz um excelente serviço e encanta, além de ganhar um fã, ele espalha a notícia, fala bem, indica amigos, traz os parentes, se apaixona por sua marca, pelo seu estabelecimento, e isso faz crescer, mais que qualquer propaganda, mas não se engane, tem muitos clientes precisando do seu serviço e nem sabem disso.

MARKETING PARA DOBRAR AS SUAS VENDAS

Para ter ideia do que o marketing faz sugiro estudar muito esse assunto, o que vamos falar aqui é o básico do básico, marketing tem a função de atrair o cliente correto para o seu negócio, antes o marketing era como uma mágica e que todo mundo achava que não não funcionava, agora com os meios digitais dá para mensurar cada

CRIATIVANDO! Negócios Criativos Faturam Mais!

ação e o que cada uma gera de resultados, como em todas as profissões a questão do marketing digital explodiu, então o que se observa são milhares de profissionais não qualificados postando artes em redes sociais e se achando o verdadeiro marketeiro, porém vai muito além disso, para começar a criar uma cultura de marketing no seu negócio primeiro você tem que desenvolver a PERSONA, que é uma figura imaginária do seu cliente ideal, e então você traça um planejamento para entender suas dores e desejos, seus anseios e também traçar como você vai fazer para resolver estes problemas.

Persona é a representação fictícia do cliente ideal de um negócio. Ela é baseada em dados reais para assim você projetar seu conteúdo baseado em dados reais, porém com um personagem fictício. Vamos ser sinceros e dizer que assim como nem toda empresa tem um departamento de design a maioria também não vai ter um de marketing, o ideal é você estudar o assunto e aprender cada dia e trilhar seu próprio caminho, pois o que funciona pra um não funciona pra outro, pra mim o marketing ainda é melhor pelo boca a boca, porém existem muitas técnicas que podem alavancar seus negócios, basta aplicar corretamente.

O marketing deve trabalhar junto com design, não adianta eu atrair 1.000 pessoas para meu negócio se chegando lá não comporta nem 100, então a estratégia tem que ser correta e o estabelecimento precisa estar preparado, eu uso comumente a regra dos 3PS, (Pessoas, Processos, Produtos), se você tem as pessoas certas e o processo correto, vai gerar um ótimo produto que vai ajudar a alavancar as vendas, mesmo sem um departamento dedicado de marketing,

O que é marketing?

Conjunto de procedimentos e estratégias de otimização dos lucros que, através de pesquisas de mercado, busca adequar os produtos às necessidades dos consumidores; estudo de mercado. Reunião das

CRIATIVANDO! Negócios Criativos Faturam Mais!

atividades e ações que, metodicamente planejadas, tentam persuadir o público em relação a determinado produto, serviço, ideia, pessoa (fonte: https://www.dicio.com.br/marketing/)

O que é Marketing 40 segundo Philip Kotler?

Como diz o nome do livro escrito por **Kotler**, **Marketing 4.0** representa a transição do tradicional **para** o digital.

Ao compreender isso, você consegue montar estratégias completas e eficientes, que trazem resultados efetivos **para** o seu negócio. Você cria uma marca forte, que é reconhecida e valorizada pelas pessoas.

CANAIS DE VENDAS

Com o novo marketing digital agora temos duas grandes divisões distintas de canais de venda, podemos considerar dois grupos principais CANAIS DE VENDAS ONLINE e CANAIS DE VENDAS OFFLINE, isso porque o digital está em crescimento tão acelerado que vai virar uma nova forma de viver e negociar, trocar produtos e serviços, até mesmo sem nem tocar em uma cédula sequer de dinheiro, pois tudo acontece no mundo virtual.

A transformação digital não exclui os pontos físicos nem mesmo acaba com o comércio de rua, na verdade o que vem acontecendo é uma união do digital com o comércio físico trazendo excelentes resultados, ou seja, aquele comércio lá na Paraíba que vende peça pra conserto de máquina de costura pode agora ser encontrado por um cliente de Mato Grosso do Sul, graças a uma simples pesquisa na rede.

Os principais canais de vendas offline são:
Distribuidores

CRIATIVANDO! Negócios Criativos Faturam Mais!

Franquias
Lojas Próprias
Telemarketing

Os principais canais de vendas online são:
E-commerce
Marketplaces
Redes Sociais
Programa de Afiliados
Email Marketing
Google Adwords

Mas cada canal de vendas precisa ser trabalhando de forma diferente de acordo com seu negócio, se você tem uma venda complexa, suas postagens por exemplo serão mais lentas, de tempos em tempos, se você vende um produto a pronta entrega as postagens devem ser mais constantes, mas nunca falando do produto e sim contando histórias envolventes **NICHOS DE MERCADO**

A chegada do marketing digital foi muito boa para os produtos de nicho, exemplo, para achar um produto que antigamente seria pouco provável encontrar, somente com as páginas amarelas, pra quem não sabe do que falo basta dar uma pesquisada, era muito difícil antigamente, para um produto se destacar somente localmente, imagina se eu vendo peça pra carro numa cidade de 10mil habitantes, ficaria muito limitado, mas com a internet tudo muda.

Um exemplo de nicho abaixo, pesquisei roda de carroça, sem a internet eu jamais saberia onde achar um item tão difícil quanto esse, vamos pesquisar mais uns exemplos:

CRIATIVANDO! Negócios Criativos Faturam Mais!

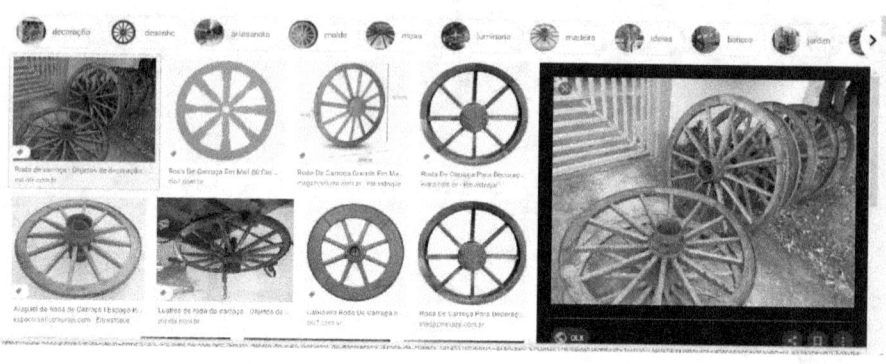

DIFERENCIAÇÃO DE NEGÓCIO

É você pegar um produto comum, e dar um novo sentido nova cara, capaz de mudar na forma de atender, na forma de entregar, na forma de conquistar o cliente, entre outros como por exemplo nessa figura que traz PIZZA DE BOLO OU BOLO PIZZA, é uma maneira criativa de entregar produto comum de forma diferenciada.

CRIATIVANDO! Negócios Criativos Faturam Mais!

https://www.amandocozinhar.com/2016/07/8-tipos-de-pizzas-diferentes-para-fazer.html

https://www.meumenino.com.br/wp-content/uploads/2016/02/comidas-criativas-13.jpg

A diferenciação é um dos principais fatores de sucesso de muitos negócios pelo Brasil e pelo mundo, tem comércios, lojas, empórios, e restaurantes que são tão queridos que as pessoas viajam centenas de quilômetros somente para ter aquela experiência, seja de comida, seja de compra, seja de serviço, recentemente fui a um posto de gasolina de SP, onde você na hora de abastecer, além de checarem água, óleo, e limparem os para-brisas eles checavam a calibração dos pneus e ainda ofereciam 4 minutos de aspiração do interior do seu carro, lógico que fiquei encantado pelo serviço, o atendente vinha com uma sacolinha e fazia recolhimento de todo o lixo dentro do carro, resultado, posto sempre lotado, preço? Não importa, o importante é o cliente estar extremamente satisfeito. E o que o fiz? Falei para um monte de gente sobre esse atendimento de excelência, gerando mais clientes satisfeitos através apenas do atendimento e das conveniências prestadas, ele poderia ser um posto comum, vender combustível, mas o que ele vende é a experiência, pense nisso.

ECOMMERCE

Ter seu negócio na internet hoje é algo indispensável, os tempos mudaram, e apenas a loja física já não é suficiente, tem que ter operação dupla, tanto física como virtual, ou até mesmo só virtual, como já existem diversas lojas, como já disse Bill Gates, em pouco tempo, vão existir apenas dois tipos de empresas, as que fazem negócio na internet, e as que não fazem.

já são 1,3 milhões de lojas virtuais no Brasil, crescimento de 40% apenas em 2020 devido à pandemia da Covid19, muitos empresários foram pegos de surpresa e viram que não estavam preparados para essa onda de comércio eletrônico nacional, e podemos dizer que foi uma grande onda, vimos empresas falirem em questão de dias, impérios inteiros caíram em pouquíssimo tempo, mas também qual era a chance de fechar todos os comércios do Brasil? Praticamente nula, mas agora não mais, o que podemos dizer é sim, pode acontecer de um dia um vírus mundial fechar todos os comércios de um país inteiro e até do mundo.

CRIATIVANDO! Negócios Criativos Faturam Mais!

ECONOMIA

TECNOLOGIA

Número de lojas virtuais cresce 40% em 2020 com empurrão da pandemia

Pesquisa do PayPal mostra que número de lojas virtuais saltou de 930 mil em agosto de 2019 para 1,3 milhão em agosto de 2020. Quase metade são pequenos negócios.

https://g1.globo.com/economia/tecnologia/noticia/2020/08/26/numero-de-lojas-virtuais-cresce-40-por-cento-em-2020-com-empurrao-da-pandemia.ghtml

O QUE É UM E-COMMERCE?

É uma loja que funciona dentro da internet, e tudo acontece quase que no automático, o cliente seleciona um produto, digita o CEP, calcula o frete e escolhe as formas de envio e de pagamento, tudo ocorre sem interferência humana, quando finalizado o pagamento o lojista recebe um email com os dados do produto e como vai ser enviado e a forma que foi pago, feito todas as checagem o lojista confirma o pagamento e posta a mercadoria no meio de transporte escolhido, milhões das vendas que ocorrem diariamente não nem mesmo uma ligação ou troca de mensagens entre comprador e vendedor tudo é automatizado.

Mas engana-se quem pensa que é só abrir um e-commerce que vai explodir em vendas, tem todo um trabalho pesado por trás para girar toda essa complexa engrenagem, além disso o lojista precisa fazer o cliente entrar na sua loja, o preço tem que agradar, a qualidade deve ser boa se não há devoluções e você ainda tem o arrependimento do cliente que pela lei, se em até 7 dias o cliente se arrepender pode devolver a mercadoria e exigir o dinheiro de volta, a grande vantagem é que, feito os trabalho iniciais, você precisa apenas de separadores e entregadores, pois o produto se explica sozinho e o cliente tem o trabalho de ler entender cada uma das ofertas, você faz antes seu papel, e a outra vantagem é que a loja não fecha, são 24 horas por dia, todo santo dia, sem falhas, criando assim mais oportunidades de negociação, mas a concorrência é feroz, o lojista do mundo virtual tem que estar ligado e movimentando suas redes e propagandas constantemente, criando promoções, diferenciações e engajamento com o consumidor, para talvez assim se destacar, mas nada garante o sucesso, é como um negócio normal, tem que trabalhar duro!

MARKETPLACES

Uma outra opção para você vender seus produtos sem ter loja virtual e sem investir seriam as marketplaces, são portais especializados em revender seus produtos, mais as comissões são altíssimas, para produtos chegam de 10% a 15%, para livros até 30%, mas realmente funcionam, se você não quer ter toda essa trabalheira, cadastre seu produto e apenas espere! Divulgue os links e quem sabe suas vendas decolam, algumas marketplaces mais famosas são: Magazine Luiza, Mercado Livre, Americanas, Submarino, Amazon, dentre outros.

PROPAGANDA CRIATIVA E PROMOCOES

As pessoas confundem muito promoção e desconto, se você tem um comércio, tem que parar de vender com desconto, e começar a fazer promoções, a promoção para ser eficiente não pode vender um produto para se livrar dele, você tem que vender um produto bom para atrair clientela boa e ativa, quando você faz promoção de um produto encalhado causa uma mancha na sua marca, o consumidor começa a achar que você quer levar vantagem sobre ele e ninguém quer se sentir assim, então meu conselho é, doe para caridade se um produto encalhou pois é melhor que queimar seu nome por pouco

CRIATIVANDO! Negócios Criativos Faturam Mais!

dinheiro, prejuízos vão acontecer, mas o cliente nunca pode arcar com um produto que você comprou errado, se não está vendendo é porque não agrada ao público que está sendo ofertado ou tem alguma coisa errada com o produto ou com a oferta.

Se você quer aprender a fazer promoções criativas sugiro olhar o que acontece no mundo, pesquise a fundo tipos de promoções existente, tente remodelar alguma, mas uma forma de atrair clientes fiéis e pagantes é a indicação, então o que você poderia fazer é criar uma listagem de todos os teus clientes, pegar os que mais compram, pois são os mais sujeitos a falarem bem da sua marca e fazer a seguinte promoção: se você me indicar 10 clientes, ligando pra eles ou enviando uma mensagem para eles, eles vão ganhar gratuitamente o produto x, só pra vir aqui conhecer e se cadastrar, e você que está indicando vai ganhar 50% de desconto no serviço x.

Se 10 clientes indicarem 10 outros clientes, seriam 100 clientes de uma só vez, e o CAC (custo de aquisição de clientes) seria somente na primeira vez, e a chance desses indicados continuarem comprando é bem grande. Ou seja, quando alguém nos fala de alguma empresa, nós tendemos a confiar mais, pois se meu amigo compra lá é sinal que o produto é bom e atende meu círculo de amizades então eu quero comprar também.

Vamos dar um outro exemplo, para os próximos 100 clientes, vamos dar gratuitamente 1 garrafinha personalizada para caminhada (squeeze), com o nome do cliente e sua logo, isso vai trazer o gatilho do pertencimento, nossa faço parte disso, o cliente se sente acolhido e a tendência é aumentar as compras com você.

Prova social também é um gatilho muito bom, você colocar depoimentos de clientes que já usam seus serviços, os outros tendem a comprar mais pois o cérebro entende que se outras pessoas compraram, mesmo que sejam desconhecidas e colocaram a cara para falar do seu produto é que no mínimo ele é bem aceitável e serve para ele, por isso se você tem cliente corriqueiramente peça depoimentos sinceros, nada forçado, que eles ajudarão a deslanchar mais seu negócio. Você também pode usar comentários em sua página ou rede social, casos de sucesso, quadro de avaliações, dentre outros, seja criativo e comece a usar os gatilhos mentais.

GATILHOS MENTAIS

Gatilhos mentais são os estímulos que o cérebro humano recebe para a tomada de decisão. Na verdade você compra o que não precisa por que seu cérebro foi instigado a pensar que precisa, isso se chama gatilho mental, quando você ver por exemplo aquela bela frase, ÚLTIMAS UNIDADES, seu cérebro ativa automaticamente o desejo, nossa eu preciso disso, se você trabalha com vendas, é essencial ter consciência desses **gatilhos** e saber como usá-los em uma negociação,

Alguns gatilhos mentais mais fortes são listados abaixo:

Gatilho Mental – Escassez
Gatilho Mental– Porque
Gatilho Mental – Autoridade
Gatilho Mental – Dor
Gatilho Mental – Prazer
Gatilho Mental – Reciprocidade
Gatilho Mental – Urgência
Gatilho Mental – Antecipação
Gatilho Mental – Novidade

Tente usá-los de maneira adequada e você será um sucesso de vendas, mas claro, tenha em mente que o produto tem que ser bom, produto ruim, serviço ruim, só vendem uma vez.

CONCLUSÃO FINAL

Meu caro amigo leitor, chegamos ao final do nosso livro, eu espero que tenha contribuído com alguma coisa para sua vida ou sua empresa, todas essas informações e técnicas que aqui descrevo fui colhendo ao longo de 25 anos de experiências, todas com muito trabalho erros e acertos, mas faz parte da vida, se você não errar é porque não tentou, e se falhar 8 vezes levante 10, pois a cada tombo levantamos mais fortes, a vida muda, os objetivos mudam, mas que nunca mude nossa força de empreender e fazer sempre o melhor para nossa vida e daqueles que nos cercam, fique com a minha gratidão por ter lido essa obra até o fim e quem sabe um dia eu possa ler um obra escrita por você, não importa a situação atual que você se encontra, ela não define quem você é, mantenha-se firme na luta, por dias melhores, tenha objetivos e metas, e tente sempre evoluir.

Um grande abraço, que Deus abençoe sua vida com muita sorte, paz e prosperidade!

Leandro Dias

BIBLIOGRAFIA

ALBRECHT, K. & BRADFORD, L.J. **Serviços com Qualidade – A Vantagem Competitiva.** São Paulo: Makron Books, 1992.

KOTLER, P. & ARMSTRONG, G. Princípios de Marketing. Prentice-Hall do Brasil Ltda. Edições, 1999.

BATESON, J.E.G. & HOFFMAN, K.D. Marketing de serviços. 4. Ed. Porto Alegre: Bookman, 2001.

BERRY, L. & PARASURAMAN, A. Serviços de marketing: competindo através da qualidade. São Paulo: Maltese-Norma, 1992.

CHURCHILL, G.A. Jr. & PETER, J.P. Marketing: criando valor para os clientes. São Paulo: Ed. Saraiva, 2000.

GRIFFIN, J. Um programa de fidelização. HSM Management. São Paulo, p.5864, set/out 2001.

ALBRECHT, K. **Revolução nos serviços: como as empresas podem revolucionar a maneira de tratar os seus clientes.** 5ª ed. São Paulo: Pioneira, 1998.

KOTLER, P. Administração de marketing: análise, planejamento, implementação e controle. 5ª ed, São Paulo: Atlas, 1998.

KURTZ, D.L. & CLOW, K.E. Services marketing. New York: John Wiley & Sons, 1998.

LEVITT, T. Após a venda ter sido realizada. In: SVIOKLA, John J. E SHAPIRO, Benson P. Mantendo clientes. São Paulo: Makron Books, 1995.

FREITAS, B.T. Marketing de relacionamento. In: ABEMD - Associação brasileira de marketing direto: Marketing direto no varejo. São Paulo: Makron Books, 2001.

KOTLER, P. Administração de marketing: a edição do novo milênio. São Paulo: Prentice Hall, 2000.

CRIATIVANDO! Negócios Criativos Faturam Mais!

CRIATIVANDO! Negócios Criativos Faturam Mais!

CRIATIVANDO
NEGÓCIOS CRIATIVOS FATURAM MAIS

www.ingramcontent.com/pod-product-compliance
Lightning Source LLC
Chambersburg PA
CBHW052209220526
45471CB00004B/1884